内蒙古财经大学会计学术文库

风险承担视角下国有企业治理与企业绩效研究

State-owned Enterprises Governance and Firm Performance from the Perspective of Risk Taking

高 磊 著

中国财经出版传媒集团
经济科学出版社
Economic Science Press

图书在版编目（CIP）数据

风险承担视角下国有企业治理与企业绩效研究/
高磊著 . —北京：经济科学出版社，2018.5
（内蒙古财经大学会计学术文库）
ISBN 978 - 7 - 5141 - 9333 - 6

Ⅰ.①风… Ⅱ.①高… Ⅲ.①国有企业 - 企业
管理 - 研究 - 中国②国有企业 - 企业绩效 -
研究 - 中国 Ⅳ.①F279.241

中国版本图书馆 CIP 数据核字（2018）第 104192 号

责任编辑：庞丽佳
责任校对：靳玉环
责任印制：邱　天

风险承担视角下国有企业治理与企业绩效研究

高　磊　著

经济科学出版社出版、发行　新华书店经销
社址：北京市海淀区阜成路甲 28 号　邮编：100142
总编部电话：010 - 88191217　发行部电话：010 - 88191522
网址：www. esp. com. cn
电子邮件：esp@ esp. com. cn
天猫网店：经济科学出版社旗舰店
网址：http：//jjkxcbs. tmall. com
北京密兴印刷有限公司印装
710 × 1000　16 开　12.25 印张　210000 字
2018 年 5 月第 1 版　2018 年 5 月第 1 次印刷
ISBN 978 - 7 - 5141 - 9333 - 6　定价：39.00 元
（图书出现印装问题，本社负责调换。电话：010 - 88191510）
（版权所有　侵权必究　举报电话：010 - 88191586
电子邮箱：dbts@ esp. com. cn）

国有企业混合所有制改革使得如何提高国有企业绩效问题再次成为学术界关注的热点。现有国有企业绩效研究主要从企业产权性质与企业绩效、市场竞争与企业绩效、股权结构与企业绩效以及管理层激励与企业绩效等角度展开，研究者围绕国有企业绩效进行大量卓有成效的工作，但并未取得一致性的研究结论。

在阅读文献基础上通过对企业理论和企业家理论以及产权相关理论进行系统梳理，发现已有的基础理论将不确定性导致的风险作为理论研究的前提条件，而非研究对象，并未明确考虑获取收益的同时风险承担问题如何处理，这为本书从风险承担视角继续探讨企业治理留有一定空间。另外在梳理文献过程中发现现有关于国有企业绩效研究多为两两变量之间关系研究，并未考虑是否存在其他变量影响两两变量间关系。基于对现有文献的整理以及企业绩效本身蕴含着风险性，本书从风险承担的视角研究国企治理与企业绩效关系。

本书主要由绪论、理论基础与文献综述、实证分析以及结论与启示等几个部分构成。第 1 章绪论交代本书写作的现实背景和理论背景，基本概念界定、本书实证数据来源、筛选过程和本书可能存在的创新点。第 2 章理论基础与文献综述是本书写作逻辑框架的基础，基础理论部分主要对企业理论包括企业契约理论和企业家理论进行述评，构建风险承担视角下国有企业治理的逻辑框架；文献综述部分主要对产权性质与企业绩效、市场竞争与企业绩效，产权性质与企业风险承担，市场竞争与企业风险承担，股权结构与企业绩效，股权结构与企业风险承担，管理层激励与企业绩效，管理层激励与企业风险承担的相关实证文献进行梳理评价，并从中推演出"产权性质—风险承担—企业绩效"、"市场竞争—风险承担—企业绩效"、"股权结构—风险承担—企业绩效"

和"管理层激励—风险承担—企业绩效"等基本假设，是本书实证基础。第3章利用上市公司数据检验"产权性质—风险承担—企业绩效"和"市场竞争—风险承担—企业绩效"两个基本假设，实证结果表明企业产权性质影响企业风险承担水平，国有企业风险承担水平显著低于民营企业风险承担水平，风险承担水平是产权性质与企业绩效的中介变量，风险承担是市场竞争与企业绩效的中介变量，风险承担水平与企业绩效正相关，这一结论从风险承担视角解释国有企业与民营企业绩效差异，改善国有企业风险承担水平能够有效提高国有企业绩效水平。另外受到国有企业产权性质天然约束，其风险承担水平较低，但这一缺陷可以通过提高国有企业市场竞争力加以改善，本章实证表明市场竞争越激烈，企业风险承担水平越高，在一定程度上从风险承担视角回答国有企业产权观和市场竞争观的争辩。第4章主要验证"股权结构—风险承担—企业绩效"假设。股权结构是公司内部治理机制基础，股权结构数量构成影响控制权的行为方式进而影响到企业的治理效果，本章实证发现国有企业与民营企业在股权集中与股权制衡方面存在差异，国有企业股权集中度显著高于民营企业，股权制衡显著低于民营企业，股权集中与企业风险承担存在非线性关系，股权制衡与风险承担存在正相关关系，风险承担是股权结构与企业绩效的中介变量。从风险承担视角看国有企业股权结构的选择影响国有企业风险承担水平，进而影响到国有企业绩效，本章结论对现阶段分类进行国有企业混合所有制改革具有一定的参考价值。第5章验证"管理层激励—风险承担—企业绩效"假设。本章主要考察管理层持股激励与货币薪酬激励对企业风险承担及企业绩效和企业价值的影响，受到个体利益影响，管理层在风险选择过程中往往表现风险规避，这损害企业所有者利益，为避免这种情况发生，实践中对管理层采取激励计划。相比较货币薪酬，管理层持股激励更关注企业的长期价值，这与本书结论相符，本章数据表明风险承担是管理层持股激励与企业价值的中介变量，风险承担是货币薪酬激励与企业绩效的中介变量。本书实证发现受到企业管理层身份属性的制约，货币薪酬和管理层持股激励对风险承担的影响效果在国有企业与民营企业存在差异，对国有企业的风险承担水平显著低于民营企业风险承担水平。本章结论同样表明风险承担是国有企业治理中不可忽视变量。

本书写作在逻辑上具有一致性。国有企业混合所有制改革主要表现在企业所有权构成中产权性质的多元化，是质的表现，另外表现股权结构构成，表现为股权集中与股权制衡，同时还体现在企业管理层身份属性，混合所有制企业管理层构成既有国有企业同时也存在民营企业，二者身份属性存在差异，民营企业管理层表现出经济人属性，国有企业管理层不仅具有经济人属性同时受到身份制约还具备政治人属性。本书的第 3 章、第 4 章以及第 5 章分别从风险承担视角对产权性质、股权结构和管理层激励与企业绩效的中介关系进行实证检验，结论均支持本书提出假设，文中各个章节间依次递进，结论表明风险承担是国有企业治理中不可忽视的因素，本书结论对国有企业混合所有制改革具有一定参考价值。

本书在写作过程中坚持矛盾分析法，既考虑事物发展的一般性规律，同时兼顾事物发展的特殊性，将民营企业作为国有企业的比较对象。在实证过程中坚持动态分析和静态分析相结合。根据文章需要选择恰当的模型，在写作过程中综合运用描述性统计分析，相关性分析，固定效应分析，以及动态估计，并对变量内生性及动态内生性，跨期影响检验，为确保结论的稳定性，本书所有实证过程均做稳定性检验。

最后在第 6 章基于本书结论对现阶段国有企业改革提出建议，同时并对本书存在不足及未来研究提出设想。

高 磊

2018 年 3 月

目　录

第 1 章

绪　　论

1.1　研究的背景及意义

1.1.1　现实背景

1. 国有企业改革现实背景

2013 年 11 月 12 日中央发布《中共中央关于全面深化改革若干重大问题的决定》（以下简称《决定》）对未来中国全面深化改革若干重要问题进行战略部署。《决定》在坚持完善基本经济制度中重点强调"完善产权保护制度和积极发展混合所有制"，指出"产权是所有制的核心"，混合所有制在宏观方面坚持发展非公有制经济，着重强调微观领域国有企业改革产权多样化，"国有资本、集体资本、非公有资本等交叉持股"，"推动国有企业完善现代企业制度，健全协调运转、有效制衡的公司法人治理结构。建立职业经理人制度，更好发挥企业家作用"①。《决定》是中国未来经济改革的纲领性文件，对中国经济改革具有重要的指导意义。《决定》的表述体现国有企业改革问题是中国经济改革过程中微观领域迫切需要解决的关键问题。

---

① 《中共中央关于全面深化改革若干重大问题的决定》中第一部分为重大意义和指导思想，第二部分为坚持和完善基本经济制度。第二部分共有 4 条，其中 2 条关于国有企业混合所有制，1 条关于产权，1 条关于国有企业管理人员。实际上 4 条均是论述国有企业改革深化问题，按照《决定》中产权是所有制核心的思想，其中 3 条与产权性质相关，1 条与企业管理层相关。

国有企业在国民经济总量中占有举足轻重的位置。改革开放初期国有企业产值占全国工业总产值比重近79%，集体工业产值占全国工业总产值21%。经过30多年的改革开放，国有企业发展迅速，据统计截至2012年底，我国股票市场已有2494家上市公司，其股票市值接近23万亿元人民币，占当期GDP总量的43%，参与股票交易有效账户达到14046万户，数据显示上市公司中绝大多数是由国有资本参股控股的，具有混合所有制经济的特点。根据国资委公开数据显示，截至2012年底，资本市场由国有企业控股上市公司953家，占我国A股上市公司数量的38.21%；股票市场价值近13.71万亿元人民币，占A股上市公司总市值的59.6%①，若按照终极产权论的观点，国有企业控制的市值比这个数据还要高。历史数据表明，国有企业在我国的经济中占举足轻重地位，国有企业改革关系到我国的经济体制甚至政治体制。国有企业改革的研究将有助于更深入地理解中国经济体制改革背后的逻辑。

2. 国有企业与民营企业绩效差异显著

伴随着国有企业改革不断深化，国有企业绩效增长速度并不尽如人意。数据显示，2001～2009年国有工业企业净资产收益率（ROE）平均增长速度约为8%，非国有工业企业ROE平均增长速度约为13%，2009年非国有工业企业ROE增长速度约为16%，国有工业企业ROE增长速度为8.18%（见图1-1）。2010年，央企实现利润总额达到13415亿元人民币，占整个国有企业利润总额的66%，其中，中国石油集团、中国移动集团、中国电信集团、中国联通集团和中国石化集团等10家企业利润占到总额近70%，中国石油集团和中国移动集团两家国有企业利润总额，分别达到1285.6亿元人民币和1484.7亿元人民币。与民营企业效率相比，国有企业的绩效差强人意，国有企业的利润较高的行业主要集中在垄断行业。如果将国有企业获得国家各种政策优惠支持，以及在土地使用优惠、资金支持等方面隐性成本扣除掉，2001～2009年国有企业实际的ROE增长速度约为-1.5%（见图1-2）。

---

① 中国改革新逻辑——专访张卓元，2013年12月1日，《中国改革》。

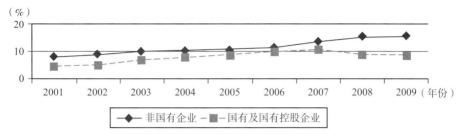

图 1-1 2001~2009 年国有企业和非国有企业的名义 ROE 增长速度比较

资料来源:《中国统计年鉴 2010》。

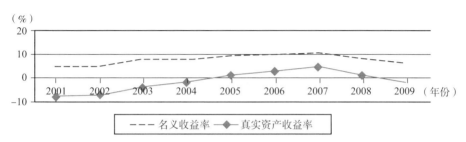

图 1-2 国有企业真实与名义净资产收益率比较

资料来源:天则经济研究报告 2011。

中金公司全要素生产率数据表明,2002~2008 年,工业企业的全要素生产率增速平均达 7.4%,平均对工业的增长贡献率接近 26%。其中贡献率较高行业主要集中在机械制造行业、房地产和消费等扩大内需相关的产业,如水泥、表仪器、饮料、钢铁汽车,而国有控制行业如热力生产和供应行业、电力行业、石油深加工等全要素生产率较低,平均仅为 0.4%,对经济增长贡献率也仅有 3%,远远低于非国有竞争性行业的 8% 和 35%,表明国有垄断行业效率较低。

Wind 数据显示 2006~2012 年国有企业 ROA 低于民营企业 ROA,见图 1-3。

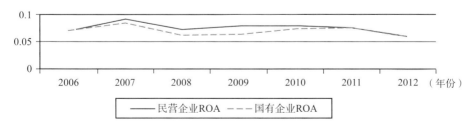

图 1-3 2006~2012 年国有企业与民营企业资产收益率比较

资料来源:Wind 数据。

如图 1－1～图 1－3 多方数据表明，相比较民营企业而言，国有企业的效率提升缓慢，国有企业与民营企业绩效存在差异，甚至在部分时间段出现下滑。现阶段国有企业改革已经进入深水区，在完善市场竞争机制同时，已经开始涉及产权问题。是企业产权性质还是市场竞争更有利于企业效率的提高？十八届三中全会提出混合所有制其实质是企业产权性质多元化，是继 2003 年成立国资委解决产权人虚置问题后国有企业改革的进一步深化。但混合所有制提出后，对国有企业实施混合所有制的争议再一次被推到风口浪尖，民营企业家对"顾雏军事件"的反思，在 2014 年 2 月举办的亚布力中国企业家论坛以及 2014 年 4 月举行的博鳌亚洲论坛上，企业界和学术界就混合所有制问题举行分论坛进行激烈的讨论，认为混合所有制可以为国有企业带来活力，但是反对声音也不绝于耳。混合所有制的实质是企业所有权性质构成多元化或者股权结构多元化，包括两个方面：其一是产权性质多元化，是质的方面；其二是股权结构多元化，是数量构成方面，其中产权是本质，股权数量结构是实现产权控制的手段和途径，另外还包括企业管理层的多元化。

国有企业是国民经济中重要组成部分，在一定程度上国有企业效率影响到我国经济增长的质量和经济运行的安全，特别是经过 30 多年的国有企业改革历程，在不断试探性改革的过程中付出代价同时积累大量有价值的经验，但持续多年的国有企业改革并未对改革路径给出明确的答案。2015 年 7 月 17 日习近平同志在吉林省考察国有企业时指出，国有企业改革既要尊重市场规律，又要符合国情，"提高竞争力和抗风险能力，完善企业治理结构，在激烈的市场竞争中游刃有余"。如何提高国有企业的效率？如何提高企业抗风险能力，改善企业风险承担水平？在考虑风险承担因素条件下企业产权性质、股权结构以及管理层影响国有企业效率的路径是什么？

目前关于国有企业混合所有制问题的争辩，绝大多数是定性的讨论，对于以产权结构多元化、股权结构多元化以及管理层构成多元化为特征的混合所有制是否有利于国有企业改革、提升企业绩效水平并没有定量的数据验证。本书从风险承担的视角研究企业治理中产权和管理层是否影响国有企业绩效，以及如何影响企业效率？其中风险承担视角的产权与企业绩效主要从产权性质和股权结构两个方面探讨，风险承担视角的管理层与企业绩效关系研究主要考察管理层激励、风险承担与企业绩效间关系。期望研究结论能够为目前国有企业混合所有制改革的争辩提供参考性建议。

1.1.2 研究意义

1. 理论意义

学术界围绕国有企业效率研究可谓汗牛充栋，先后提出国有企业改革产权观点（张维迎，1995）和市场竞争观点（林毅夫，1997）。其中产权观点认为明确而清晰的产权界定是改善国有企业绩效的关键，当产权界定不清时会导致严重的代理成本，以及由此导致的激励问题影响国有企业效率改善；市场竞争的观点认为国有企业改革的关键是建立和完善有效的市场竞争机制，解决信息不对称问题，使得信息充分解决国有企业绩效问题，认为无论是国有企业还是民营企业都会面临代理问题和激励问题。基于这两种主流的观点已有文献对企业所有权性质与企业绩效、市场竞争与企业绩效、股权结构与企业绩效以及管理层激励与企业绩效进行大量的研究，但均未达成一致性结论。

本书前期通过大量文献梳理发现，现有的关于企业所有权性质与企业绩效、市场竞争与企业绩效、股权结构与企业绩效以及管理层激励与企业绩效研究中多为变量间两两关系研究，如企业所有权性质与企业绩效，可能忽视二者之间存在其他变量影响二者之间关系。在系统梳理基础理论后发现无论代理成本理论、企业理论以及企业家理论，以及国内学者的产权观还是市场竞争观点以及管理层激励理论的演变，谈及企业治理问题都隐含不确定性风险的问题，但仅仅将不确定性风险作为隐含的前提条件而非研究对象。企业风险源于企业面临的不确定性，但与此同时不确定性风险是企业利润的源泉。企业所面对的不确定性一旦转变为现实，不确定性产生的风险最终将由具体的人承担，或企业所有者或企业的管理层，无论是损失还是收益最终由企业的参与各方按照一定的规则，共同承担风险或分享收益。因此，风险治理必然成为企业治理不可或缺的部分，风险治理最为重要的是选择恰当的企业组织形式、构建合理的治理结构、设计有效的治理机制，通过对管理层约束激励实现风险的合理配置，即合理设计风险承担机制和收益分配机制。目前绝大多数的研究仅从企业财务和审计领域探讨企业风险治理，风险承担的视角探讨企业治理在理论和实践中重视程度较低，这与目前公司治理研究基于交易成本理论、委托代理理论或者契约理论开展研究是相关的，这些研究中不确定性是研究的前提而非主要对象，这使得公司治理陷入瓶颈，但同时也给我们研究风险承担留有理论空间；

另外，已有文献表明企业的绩效本身是收益表现形式，收益与风险正相关，收益与风险是一对统一体，较高的企业绩效必然蕴含着较高的风险，承担较高收益的主体也必然承担较高的风险，二者相辅相成，不可分割。

学术界对公司治理定义版本较多，各有侧重，并未形成一致性定义。无论是狭义公司治理还是广义的公司治理都忽视企业所面临不确定性和风险的思考和描述，并未将不确定性风险问题纳入治理结构中，缺乏对不确定性风险承担问题思考，公司治理隐含的前提是企业生存的环境面临不确定性风险，包括企业内部环境以及企业外部环境。因此，本书将不确定性从而导致风险承担作为切入点，研究企业特别是国有企业的治理问题具有一定的理论意义。

本书以企业理论为研究逻辑起点，从企业的契约理论与企业的企业家理论演绎出理论共性——风险承担问题，并以此为研究视角，深化企业所有权理论认识，探讨企业产权性质以及股权结构如何影响企业风险承担水平及其对企业效率的影响，认为企业的剩余控制权和剩余所有权是企业的风险制造和风险承担的对应，企业所有权既有产权性质的信息，同时也包括股权数量构成，并将企业家的人力资本产权纳入所有权分析框架。企业产权性质、市场竞争，以及管理层的激励并非直接影响企业的绩效，二者之间是否存在中间变量？本书认为风险承担便是其中之一，本书在前人研究基础上基于风险承担的视角研究企业产权性质与企业绩效、市场竞争与企业绩效，股权结构以及企业管理层激励与企业绩效，进一步拓展前人研究的成果和路径，丰富和完善企业绩效的研究。具体而言，本书在以下几个方面拓展前人的研究成果：

（1）基于风险承担视角系统分析国有企业与民营企业绩效差异性。现有文献表明高收益，高风险，风险与收益是统一体。国有企业的收益低于民营企业，意味着国有企业收益承担主体的风险承担水平可能会低于民营企业收益承担主体的风险承担水平，在一定程度上表明国有企业与民营企业面临的风险承担水平存在差异性，即民营企业风险承担或高于国有企业风险承担。无论从微观数据还是宏观数据均表明国有企业的绩效低于民营企业，且国有企业利润又近1/3源自垄断市场，即国有企业以竞争者身份出现在市场，但赚取的是垄断的利润，民营企业则没有国有企业获取垄断利润的"优势"。民营企业的绩效高于国有企业绩效，是什么因素影响这种绩效差异呢？是企业产权性质问题还是市场竞争问题？风险与收益正相关已是共识，较高的绩效蕴含较高的风险，这是否意味着民营企业的风险承担水平高于国有企业风险承担水平？企业产权性质、市场竞争与企业风险承担水平影响国有企业绩效，其路径是什么？本书将风险承担因素纳入"产权性质—企业绩效"；"市场竞争—企业绩效"的逻辑框架，形成"产权性质—风险承担—企业绩效"；"市场竞争—风险承担—企业绩效"新的分析框架。

（2）国有企业混合所有制包含企业所有权性质构成多元化和股权结构多元化。企业所有权性质多元化其实质是不同产权性质的组合，是质的方面；而股权结构多元化是股权集中与股权制衡的权衡，是股权数量的组合，在现代公司治理过程中股权结构是实现企业所有者控制企业的工具和手段（如万科宝能股权之争），产权是本质，股权结构是表现形式。目前各级政府是上市国有企业的实际控制人，并对国有企业运营进行绝对控制，国有股一股独大，因此表现为国有企业的股权结构集中度较高，股权制衡度较低的现象。本书研究不再局限以往研究讨论股权集中与企业绩效、股权制衡与企业绩效的关系，引入风险承担因素探讨股权结构与国有企业绩效关系。股权结构集中与制衡影响国有企业路径是什么？风险承担在股权结构与企业绩效之间是什么样的角色？本书将对此进行实证检验，形成"股权结构—风险承担—企业绩效"的分析框架。

（3）本书突破以往"管理层激励—企业绩效"分析框架，将风险承担因素纳入其中形成"管理层激励—风险承担—企业绩效"新的逻辑框架。股权控制是企业所有者实现对国有企业控制的途径，而国有企业管理层是具体实现政府意图或者目标的执行者。相比较民营企业的管理层，国有企业的管理层具有双重属性——政治属性和经济属性，因此管理层不仅受到经济激励同时还需要政治激励，管理层风险承担亦不同于民营企业风险承担水平，国有企业的管理层激励方式是否以及如何影响企业风险承担水平进而影响企业的绩效？其影响路径是什么？本书将在第 5 章进行实证检验。

本书研究贡献在于突破已有的关于产权性质、市场竞争与国有企业绩效研究、股权结构与国有企业绩效以及管理层激励与企业绩效研究的思路，从企业的绩效风险特点切入，将其与企业风险承担水平相联系，将风险承担变量引入国有企业绩效研究逻辑框架中，并与其天然比较对象民营企业进行比较。同时本书在研究的推进过程中逐渐深入，首先研究企业产权性质与企业风险承担及企业绩效关系并将其与市场竞争进行比较，其次研究股权结构与企业风险承担及企业绩效关系，最后研究管理层激励与企业风险承担及企业绩效关系。产权性质是企业的质的方面表现，反映企业所有者的价值观，股权结构是企业控制权的基础，是企业所有者实现其对企业控制的途径，实现所有者价值观念的工具和手段，而管理层则是企业所有者决策和意图的执行者，从逻辑看产权是根本，股权结构是手段，管理层是关键，本书系统研究风险承担与企业产权性质、股权结构以及管理层的关系及其对企业绩效的影响，将企业的收益蕴含风险因素引入企业治理的逻辑框架中，具有一定的逻辑性和系统性。

2. 现实意义

在市场经济环境中，企业的生存和发展时刻需要面对不确定性带来的风险。已有的基础理论表明市场及市场中的个体组织其存在的意义在于降低甚至是消除不确定性风险所带来的不利影响。国有企业是置身于市场中的个体组织，国有企业治理不仅具有一般企业治理的普遍性，同时还具有特殊性。国有企业与一般企业的相比存在着共性，同时具体在某个国家或者某个社会环境又有其特殊性。同样国有企业的风险承担问题研究也需要从一般走向特殊再回归到共性研究的过程。国有企业存在所有权与经营权分离情况，相比民营企业，国有企业的所有权归属并非像民营企业那样清晰，存在着所有权虚置（产权虚置）现象，与此同时国有企业的管理层一般由政府行政任命，具有行政级别，其身份属性上与民营企业有所区别，民营企业管理层仅仅是经济人属性，国有企业的管理层不仅具有经济人属性，还具有政治属性。受到国有企业的所有权性质及管理层因素的影响，使得国有企业的风险承担问题比民营企业显得更为复杂。因此，基于风险承担视角的国有企业治理与企业绩效的研究和探讨具有一定现实意义。

1.2 相关概念界定

1.2.1 风险与风险承担

风险一词源于17世纪法语"Risque"，最早应用于航海中意味"航行于危崖间"。"Rsique"本源自意大利语"Risicare"，含有胆敢冒险的意思。风险的产生源于不确定性或者是信息不完全，更为重要的是风险结果的承担者——人的有限理性。风险是在既定的条件和特定的时期内，未来结果的变动（Williams，1985）；风险是事物可能出现结果的不确定性，一般是收益波动的方差测度（March and Shapira，1987）。1921 年奈特著作《风险、不确定性、利润》是一部里程碑式的著作，从概率论的视角划分不确定性和风险，奈特认为"不确定是风险的基础和核心，风险是可测度的不确定性"。新古典经济理论中所涉及的不确定性是奈特意义上的风险。因此，能够通过保险等技术手段解决的均不是本书意义上的风险，因可保险的风险产生结果出现的形式以及出现结果给决策者带来的影响比较明确，所以本书风险是指不确定性风险。不确定风险会对风险结果承担者产生有利影响或者不利影响，也即是承担风险结果的主体之所以关注不确定风险问题往往是考虑到其自身利益影响。限于本书研究的目的，风险不仅仅产生不利影响，更为重要的是获取收益同时伴随着风险的承担。风险承担是企业为获得较好收益的市场机会，投入风险资源的愿意程度（Miller，1978），因为很有可能这些具有巨大风险的承诺或者资源配置的承诺可能失败，对风险的管理是企业战略管理的一个重要目标（Miller，1998；Miller and Leiblein，1996；Pablo et al.，1996）。

经济学中的"企业家"（Entrepreneur）一词最早源于法文"Entrepren-dre"，其本意是具有较强的承担风险和责任意识且开创并领导一项事业的人，含有冒险家的意味，承担风险和责任是定义企业家基础，开创和领导是企业家内涵外延表现。法国坎提隆最早提及企业家概念，他认为企业家的职能是能够充分识别市场中未被他人意识到的获利机会，在某一固定价格下购入商品，将其在不确定的价格销售出去，并获得较好收益并因此成就一番事业的人，具有冒险精神，能够承担不确定收益带来的风险的特点。萨伊从劳动分工专业化角度认为企业家必须具备专业化的技能和较高的冒险精神才能获得高收益。企业家是利用其专业化技能重新配置风险性较高资源，以达到资源效用最大化。马歇尔认为企业家能够协调生产要素卖方和产品买方之间关系，是一种中间过程。在商品交易活动过程中，供求双方不可能准确预测某种商品的市场供给与需求情况，产生不确定性风险，这使得市场产生不均衡，企业家具备消除这种不均衡能力。与企业一般职业阶层不同，企业家的特殊性是面对风险，这种风险并不能通过技术或保险的方式解决体现出企业家敢于冒险和易于承担风险的特点。

最早明确提出风险承担问题的学者是奈特。他认为企业家在不确定性风险出现时，重要的职责是决定干什么以及如何干的问题，而不是具体实施某项活动，这一描述区别企业家和一般管理人员（奈特，2006）。这导致两个问题，其一是生产者需要承担预测消费者需求的责任，同时也衍生出第二个特征，这种预测功能并非是一种普遍性的功能，大部分的预测功能和生产指挥控制进一步集中到某一类生产者的身上——企业家。"企业的出现是自信和具有冒险精神的人承担风险，或者为疑虑重重和胆怯的人提供保险，其做法是保证后者的特定收入，以换取最终实际结果的权利。"（奈特，2006）他认为最主要的因素区别于企业家和受雇佣的员工是不确定性和风险承担的不同，因此风险承担成为企业家的一个品质。"企业的本质是经济生活指挥责任这一功能的专业化"，"企业的这个特征往往被人们忽视，原因在于责任和控制权这两个要素的不可分离"，"任何程度上的实际判断或者决策都伴随着相应程度的对于不确定性的承担，即承担做出这些决策的责任。"奈特认为企业家的首要功能是承担风险（张维迎，2015），同时奈特强调了控制权与承担风险统一性的必要。在奈特的理解中企业家承担风险与承担不确定性并未进行明确的区分，都是指不能通过技术手段（如保险）解决的不确定性所带来的风险，因奈特所描述的企业并未出现所有权和经营权分离现象，企业家将企业剩余控制权与剩余索取权集于一身。这是文献第一次也是比较系统论述风险承担问题，但仅仅是从企业家理论进行的。

在古典企业理论中企业的所有者和企业的经营者是一体的，不存在所有权和控制权的分离，奈特所强调的"责任和控制权这两个要素的不可分离"问题仅限于企业所有者与企业控制者是同一主体，企业的所有者和企业的经营管理者对风险承担是统一的，企业决策者的权利（控制权或者经营决策权）与其决策所带来的风险（抑或是收益）是对称的。因此，古典企业的风险承担问题较为简单，企业家既是企业的管理者同时也是企业的所有者，企业家承担风险也意味着企业管理层承担风险，企业所有者承担风险，与此同时企业家、管理层，所有者同时获取剩余收益，风险与收益相互匹配。现代企业把古典企业中企业家的职能分解为两部分，一部分由企业所有者股东来承担，另一部分由职业经理管理层来承担。与古典企业不同，现代公司最为显著的特点既是企业的所有权与企业的控制权分离，或者理解为企业的所有者与企业的经营者的分离，企业的出资人不再是企业的控制人或者经营决策者，而是出现了经理层或者职业经理人受出资人的委托经营管理企业。这时便出现一个问题，经营者决策所带来的收益或者风险究竟由谁承担的问题，是企业的所有者还是企业的经营管理者承担，抑或是企业所有者与企业经营管理者共同承担，这个问题并不像古典企业那么容易界定。古典企业所有者同时也是经营决策者要承担所有其决策所带来的风险。现代公司制企业风险承担的划分显得更为复杂，当风险由企业所有者或者出资人承担时，企业的经营者不承担决策的风险时，容易出现道德风险，逆向选择，衍生出代理成本；当决策结果所带来风险由管理层承担时，企业所有者不承担收益相匹配的风险，管理层会出现风险规避，衍生性问题是管理层激励与监督问题；决策者和所有者共同承担风险时，风险如何划分和权衡，团队激励问题和交易成本再次出现。当所有权与经营权分离时，风险承担问题并非如图 1-4（左）所示，而演变成图 1-4（右）。"所谓的企业家就是承担经营风险、从事经营管理并取得收入的人格代表。只承担风险、取得收入但不从事经营管理者不能称为完整意义上的企业家；同样，只从事经营管理而不承担风险和取得经营收入者也不是完整的企业家。"（张维迎，2015）

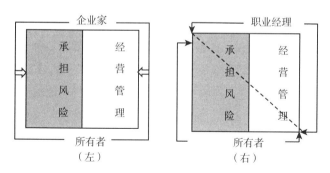

图 1-4　企业风险承担职能分解及演变

资料来源：张维迎. 企业理论与中国企业改革［M］. 上海人民出版社，2015：25。

　　文献梳理表明企业风险承担问题一直伴随着企业，无论是古典企业还是现代公司制企业，风险承担都是不可回避的话题，风险始终伴随着收益，承担收益和承担风险是统一而不可分离的一对矛盾体。古典企业所有权与经营权的统一使得风险承担问题变得更为简单，现代公司制企业所有权与经营权的分离使得风险承担问题变得更为复杂［见图 1-4（右）］，风险承担不仅与企业家（管理层）相关，同时与企业所有权结构密切相关。具体到国有企业研究中企业风险承担水平以及企业风险承担机制更为复杂。目前关于风险承担的学术研究处于起步阶段，散落在相关文献之中，并未系统论述企业风险承担问题。从企业治理基础理论看，风险承担问题是企业治理结构中不可或缺的部分，是风险治理研究重要内容。企业的风险治理方兴未艾，风险承担作为风险治理部分，国内对此鲜有系统论述，本书将对散落相关文献的风险承担问题纳入企业治理的逻辑框架中并系统论述，并以国有企业和民营企业数据提供相关经验验证。

1.2.2 产权性质与企业所有权性质

产权、财产所有权、所有权、所有制以及企业所有权是我国经济体制改革和国有企业改革过程中与学术研究中经常提及使用的概念，但不同的学者在理解和使用的过程中存在认识不一致，存在争议，为更好地服务本书的写作目的，仅在本书涉及的范畴内进行界定和区别。

所有制与所有权是政治经济学范畴内一对既有所区别也紧密联系的概念。所有制是指在一定社会制度下，生产资料归谁所有，所有权是法律范畴，是法权。1993 年党的十四届三中全会上首次使用"产权"这一概念，指出"我国国有企业改革的方向是建立：产权清晰、权责明确、政企分开、管理科学现代企业制度"。在西方产权理论传入我国之前，在经济学领域和法学领域仅有"所有权"的概念，而没有"产权"概念。财产所有权与产权是等价概念，产权是所有权的发展和演变。

"所有制是所有权的经济基础，所有权是所有制的法律表现形式。产权是所有权的发展形式，处于经济运行层次。"（马晓春，2009）所有制属于宏观层次，所有权与产权属于微观领域。

"企业所有权"本身非规范概念，是公司治理领域常用术语。企业是契约型组织，是各个生产要素的所有者将其拥有完整产权的要素按照契约约定投入企业生产中，最终实现要素增值，增加利润，因此，企业不可能只有一个所有权，而是多个产权的集合。"严格地讲，企业作为一种契约，其本身是没有'所有者'的。也正是由于这个原因，我在《企业的企业家——契约理论》一书中，使用了'委托权'（Principalship）代替'所有权'（Ownership）一词。"（张维迎，1996）学者沿用企业所有权的说法，只是更方便探讨企业治理或者公司治理，企业所有权概念不过是企业剩余索取权与企业剩余控制权的习惯术语①。

---

① 学术界关于企业所有权定义有三种，不是本书重点，在此不过多讨论。

企业所有权是企业所有者实现对企业最终控制或者实质性控制的外在形式，企业所有权性质是企业最终控制人产权属性的具体表现。企业所有权性质则是指获得剩余控制权和剩余索取权的主体的产权性质是国有还是民营，也即是产权私有还是公有的问题。因此在本书中企业所有权性质与产权性质是指同一概念，是指其最终控制人是民营还是国有的问题。

1.3 研究思路与整体设计

1.3.1 研究思路

本书始终围绕风险承担视角展开论述。探讨风险承担对国有企业治理与企业绩效的影响。具体而言，本书从三个方面展开研究，重点解决以下问题：（1）企业产权性质及市场竞争是否影响企业风险承担，这种影响对企业的绩效产生什么样的影响？从风险承担视角回答国有企业改革的产权观和市场竞争观点。（2）企业股权结构是否以及如何影响企业绩效？企业风险承担水平在股权结构与企业绩效二者之间充当什么样的角色？（3）国有企业管理层激励怎样影响企业的绩效，风险承担与管理层激励相关吗？

民营企业天然是国有企业的比较对象，比较研究方法始终贯穿本书。产权性质的差异是否影响国有企业和民营企业的风险承担水平，这种差异是否影响二者绩效差异？控制权和人事任命是政府对国有企业的控制基本方式，股权结构是控制权实施的有效途径，管理层是负责实现政府意图和目标的执行者，不同的股权结构是否影响企业的风险承担，不同的管理层激励方式是否会影响到企业风险承担，以及风险承担影响企业绩效？本书在第 3 章探讨产权性质与风险承担及其与企业绩效关系，第 4 章研究股权结构与风险承担与风险承担及其企业绩效关系，第 5 章研究管理层激励与企业风险承担及其企业绩效关系。具体如图 1 - 5 所示。

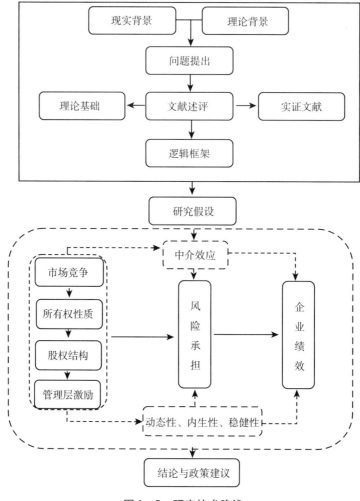

图 1 - 5   研究技术路线

1.3.2   研究整体设计

为更好地展示研究逻辑的合理性，本书章节构成如下：

第 1 章，绪论。主要包括本书选题现实背景、研究理论意义、研究相关概念的界定，研究的思路和整体设计，研究数据的来源与研究方法以及研究可能创新点。

第 2 章，理论基础与文献综述。本章回顾产权理论与企业理论发展和演变过程，为引入风险承担变量进行理论准备工作，构建风险承担与产权理论以及风险承担与企业理论的分析框架。文献综述部分首先对影响国有企业绩效的产权性质、市场竞争、股权结构以及管理层激励实证文献进行必要述评，对风险承担与产权性质、风险承担与股权结构、风险承担与市场竞争以及风险承担与管理层激励的实证文献进行必要梳理，同时基于基础理论建立"产权性质—风险承担—企业绩效"、"市场竞争—风险承担—企业绩效"、"股权结构—风险承担—企业绩效"以及"管理层激励—风险承担—企业绩效"的逻辑分析框架，为第 3 章、第 4 章、第 5 章实证检验奠定基础。

第 3 章，检验风险承担与产权性质、市场竞争以及企业绩效关系，利用上市公司数据实证角度检验"产权性质—风险承担—企业绩效"和"市场竞争—风险承担—企业绩效"分析框架。本章结论从风险承担的视角回答企业绩效的产权观点和市场竞争观点的争论，将风险承担因素引入产权性质、市场竞争与企业绩效的分析框架。

第 4 章，混合所有制企业包含两个层面的多元化，一方面是企业所有权构成质的方面也即是产权性质多元化，另一方面是数量方面股权结构多元化。在第 3 章产权性质与企业风险承担及企业绩效研究基础上，深化企业所有权结构与企业绩效研究，本章从股权结构数量构成角度检验股权结构、风险承担与企业绩效关系，从数量构成角度回答企业所有权、风险承担与企业绩效关系，从实证角度验证"股权结构—风险承担—企业绩效"逻辑分析框架合理性。本章在实证方法选择上与第 3 章有所不同，不仅仅考虑股权结构、风险承担与企业绩效的动态性，同时对三者的动态内生性、变量间跨期影响及其稳定性进行检验，增加研究结论的有效性和可信度。

第 5 章，主要考察管理层激励、企业风险承担与企业绩效三者之间的关系。相比较产权性质及股权结构对风险承担的影响客观性更为突出，本章研究管理层与风险承担关系主观性更为强烈，管理层的风险承担态度不仅仅受到个体差异影响，同时也受到企业的产权性质以及企业的股权结构影响，管理层是企业终极控制人实现其控制目的和意图的执行者，自然其风险承担影响到企业绩效，因此逻辑上国有企业治理过程中需要考虑管理层激励对风险承担及其对企业绩效的影响，本章主要从股权激励和薪酬激励两种方式验证管理层激励对企业风险承担及其对绩效的影响。

第 6 章，总结本书的主要结论、政策启示以及本书研究的局限性和未来研究方向。

1.4 数据来源与研究方法

1.4.1 数据来源

本书数据主要源自 Wind 数据的公司财务分析数据库、公司研究数据库、人物数据库；CSMAR 数据的上市公司财务报表数据库、上市公司股东研究数据库、上市公司人物特征数据库及上市公司治理数据库以及国有资产监督管理委员会网站，对于多个数据库存在差异性数据样本进行剔除。

上市公司所在行业的结构特征及其差异性，是本书实证研究的一种重要考量，为保证样本公司的可比性与一致性，文中上市公司行业划分标准为《上市公司行业分类指引》（中国证监会 2012 年 10 月 26 日颁布）。

实证研究中为确保可信度，需要考虑到样本数据的稳定性和连续性，本书样本时间范围初步确定为 2003～2015 年度上市企业季度数据，初始筛选样本为 854 家企业，按照样本所属行政级别划分情况如下：国资委所属大型上市央企以及其控股上市企业 164 家；省级国资委所属企业 267 家，市级国资委所属企业 158 家；民营企业 265 家，基于数量研究的前提要求，企业经营的可持续才能表现具有规律性特质，剔除 2003～2015 年存在 ST 企业、经营异常企业、剔除企业所有权性质（民营变为国有，或者国有变为民营）发生变化的样本以及数据不完整企业，合计 366 家。将 Wind 数据库和 CSMAR 数据库中对书中所涉及变量若存在不一致进行剔除，剔除 34 家企业产权性质存在差异的样本。确保样本企业在区间前 3 年和后 3 年的稳定性前提下，最终样本企业区间确定为 2006～2012 年的 488 家上市公司，13664 个季度观测值，分布在 55 个行业。488 家企业分布情况为：国资委所属大型上市央企以及其控股上市企业 99 家；省级国资委所属企业 155 家；市级国资委所属企业 120 家；民营企业 114 家。各类企业按照其注册归属行政区域分布情况如表 1 - 1 所示。本书对数据进行 1% 和 99% 分位 Winsorize 缩尾处理。

表 1－1　　　　　　　　　　　样本企业地区分布情况

省、市、自治区	民营企业	市级	省级	央企	国资委	合计
上海	8	12	46	13	5	84
江苏	19	13	4	6	1	43
北京	5	1	13	15	8	42
浙江	22	12	4	1	1	40
广东	9	7	2	3	2	23
山东	5	8	9		1	23
安徽	2	5	10	1		18
福建	3	7	7			17
四川	5	5	2	3	1	16
湖北	3	5	1	2		15
新疆	4	8		1		13
黑龙江	4	5	1	2		12
河南	3	3	4	2	4	12
湖南	2	2	4	4		12
吉林	2	2	4	4		12
辽宁	2	6	3		1	12
天津	1		7	1	1	10
江西		3	5	1		9
内蒙古	2	1	2	4		9
河北	2	2	1	4		9
云南	2	1	5	1		9
贵州	2	1	4	2		9
山西	1	1	5	1		8
甘肃	2	1	4			7
重庆	2	3	1			6
广西		4	1	1		6
陕西		1	1	2		4
西藏	2		1			3
海南		1	1		1	3
青海			2			2
占比	23%	25%	32%	15%	5%	100%

资料来源：Wind 数据整理。

1.4.2 研究方法

本书写作过程中采用理论研究与实证研究相结合的分析方法，坚持矛盾一般性与特殊性分析方法。通过对现有理论的系统梳理对比，发现理论的共性风险承担作为本书研究的切入点。在研读理论过程中注重理论的一般性和特殊性，理论发展的动态过程以及理论发展所处的时代背景，应用理论研究的结论指导实证研究，建立假设，并利用上市公司数据对假设进行验证，探讨风险承担在国有企业治理与企业绩效内在关系。具体方法如下：

1. 文献计量法

阅读文献是本书研究的基础性起点。本书文献主要分为两大类：基础理论文献，包括企业理论、企业家理论、代理成本、激励理论、交易成本理论；实证类文献，主要跟踪近期（2010～2015 年）国际和国内权威期刊，包括 Journal of Finance，Journal of Financial Economics，Academy of Management Review、Academy of Management Journal、Journal of Political Economy、《经济研究》《管理世界》《中国工业经济》《金融研究》《会计研究》《南开管理评论》等学术期刊相关文献。

2. 比较分析法

比较分析法贯穿整个文献写作过程中。在理论基础研究过程中，对各种理论进行详细的比较，寻找理论的异同，建立本书实证研究的理论基础和逻辑框架。在实证研究过程中，对不同计量方法进行比较，选取适合研究目的的动态内生性方法。整个文章的写作过程中对国有企业和民营企业风险承担差异性进行比较，并从产权性质、市场竞争、股权结构以及管理层激励等方面进行阐述二者在风险承担水平差异性及其对企业绩效的影响。

3. 统计分析方法

本书采用定量和定性相结合的分析方法。各章节所使用计量方法其本质是服务本书的写作目的。在写作过程中综合运用描述性统计分析、相关性分析、固定效应分析，以及动态 GMM 估计。方法类文献，主要包括面板数据理论、内生性及动态内生性检验和中介效应检验。

1.5　本书创新

本书可能创新点：（1）在已有的文献基础上基于绩效的不确定风险特性以风险承担新视角分析企业产权性质与企业绩效、股权结构与企业绩效，以及管理层激励与企业绩效的关系，将风险承担因素纳入企业治理的逻辑框架，文章实证部分逐渐递进，具有一定逻辑性。（2）已有文献多为企业产权性质与企业绩效、股权结构与企业绩效以及管理层激励与企业绩效研究路径，为两两变量间关系研究，本书将风险承担视角引入其中并借鉴心理学中介效应原理，研究"产权性质—风险承担—企业绩效"、"市场竞争—风险承担—企业绩效"、"股权结构—风险承担—企业绩效"以及"管理层激励—风险承担—企业绩效"，拓展现有研究路径，并得到有参考价值的结论。（3）实证过程中将动态性和内生性结合考虑变量之间跨期内生性影响，增加本书结论的稳健性。

第2章

理论基础与文献综述

2.1 产　权

2.1.1 产权的概念

奈特和康芒斯在其著作中将产权问题引入经济学分析框架。奈特指出"新古典经济学中决策人是完全理性的假设存在缺陷，人的本性中具有趋利避害倾向，其行为具有投机、冒险的特征，若无约束则经济活动中充斥着道德上不负责任的随意性，须明晰产权，以使权利和责任对称"。因此，为增强人的行为理性和可预期性，约束人机会主义行为，经济学的任务之一便是建立良好制度。奈特认为良好企业制度应以明晰私有产权为特征，这为资产所有者支配企业并对其冒险行为承担资产责任理解提供合理的逻辑；企业支配权（奈特并未提出企业控制权，但支配权利实际是控制权一种近义表述）与风险责任的匹配，客观上可以减少机会主义行为的发生。与奈特同时代的康芒斯1934年出版了《制度经济学》一书，认为有效的市场取决于交易秩序，良好交易秩序前提是清晰的产权界定，产权界定的越清晰，排他性越强，交易秩序越有效，交易过程中发生冲突可能性越少，市场交易活动越有效。虽然奈特和康芒斯理解产权的出发点不同，但都意识到产权清晰的重要性。

英国学者 P. 阿贝尔（1994）在其《劳动—资本合伙制：第三种政治经济形式》一书中提出："产权的意思是：所有权，即排除他人对所有物的控制权；使用权，即区别于管理和收益权的对所有物的享受与使用权；管理权，即决定怎样和由谁来使用所有物的权利。分享剩余收益或承担义务的权利，即来自于对所有物的使用或管理所产生的收益分享与风险分摊的权利。"（季晓楠，2009）。从阿贝尔对产权的定义可以看出一个完整的产权，当它能够带来收益或者是风险，清晰的产权界定使得所有者是唯一承担收益或者是承担风险的候选人。科斯是现代产权理论的代表人物，其贡献之一便是产权理论，有时被称为"科斯定理"，实际并非是严格意义上的定理，而是命题，其核心内容是当交易费用客观存在时，产权是否清晰影响经济效率。产权是一组权利，尽管产权概念对于科斯的理论而言至关重要，但是在其本人研究中并未就此进行严格定义和解释。现有文献关于科斯定理的产权理解多为研究者借鉴当代法学概念进行定义、解读和阐释。美国学者 R. 考特的著作《法与经济学》认为产权是包括"占有、使用、处置、馈赠、转让或阻止他人侵犯"在内的一组权利，这里的"权利"应包含由权利而带来的相应的"收益权"，作者可能是出于规避风险考虑并未指出权利带来的风险（负收益）的分配问题。科斯定理中的产权，是英美法系中的法律概念，着重强调的是市场交易中交易主体间即人与人之间的行为关系，而非交易者与物的关系。科斯及其后续研究者交易成本理论虽没有对产权做严格的界定，但产权清晰是交易前提已是共识，否则交易成本会更高，科斯在 1960 年《社会成本》一书中已经提到这一问题①。

产权界定一个人或者他人获取收益或者承受损失的权利，清晰产权规范人们如何获取收益及如何承受损失，进而能够规范人的行为（Demsetz，1967），增强社会行为人的理性预期。因此，产权所关注重点不是人与物之间的简单关系，而是强调隐含于物的存在及其使用而引发人与人行为关系处理。产权的安排决定行为个体相应于物时的行为规范，每一行为人必须遵守与他人之间行为关系或者有权利接受不遵守这种关系的惩罚。

马克思产权理论认为，"所有权是所有制的法律形态"②。产权反映在不同的社会所有制背景下，包括个体在内的社会主体拥有的物质（本书认为也包括非物质权利）的权利以及相对应的法律形态。这表明产权关系是一种特定的法律关系，或者表述为产权是财产权，是生产关系在法律制度上的反映。同时，财产权是一组权利集合，"财产权的各种权利，可以是统一的，也可以是分离

---

① 张五常（2000）认为科斯定理源于其 1959 年《联邦通讯委员会》中一句话"权利的界定是市场交易的前提"。

② 参见中共中央编译局编：《马克思恩格斯全集》第 30 卷，北京：人民出版社 2008 年版，第 608 页。

的"①。这表明的权利既包括了财产使用和处置的权力，同时也包括获取与"权"相关收益即"衍生利益"的"利"，"权"与"利"是统一的，前者是后者的基础，后者是前者的目标，这种"利"不一定是有益的可能也是有"害"的。

中国法学界所谈的所有权，是指一定的财产所有人对其他人的排斥性关系和该财产对所有人的归属性联系，它包含占有、使用、收益和处置等权利。产权是在一定社会所有制关系下的法律具体表现形式，它包括财产的所有权、占有权、支配权、使用权、收益权和处置权。在成熟市场经济条件下，产权具有经济实体性、可分离性、产权流动独立性的特征。以法权形式体现所有制关系的产权制度，是用来巩固和规范商品经济交易活动中财产关系，约束人的经济行为规范，维护商品经济交易秩序，保证商品经济顺利运行的工具，这体现产权的约束功能、协调功能、资源配置功能及激励功能。

2.1.2 产权的经济意义

产权是社会经济活动基础。从各学派对产权的概念界定发现，无论是奈特的产权、康芒斯的产权、科斯的产权、马克思的产权以及现实生活中法律定义的产权，他们均有共性即产权是能够带来收益的经济权利，这种特性是各个学派定义产权的前提条件，这种收益可能是正面的也可能是负面的。这就产生一个最基本的问题，当产权是一种能够带来经济收益的权利时，由产权而带来的收益或者由产权所导致的负面收益（风险）由谁承担的问题，各个学派基于研究的目的不同进行阐述。从产权定义我们看出产权具有经济属性，进入市场交易的产权能够产生收益，当然也可能产生损失，当获得正的收益时产权对行为人产生激励，当产生负收益或者损失产权对行为人的行为规范约束。社会中行为人都具有一定经济人属性，自然产生只获取收益规避产权所带来损失的风险的特征，这客观要求进入市场交易的要素产权必须是清晰的，归属清晰的产权则明确这种产权带来收益和损失的具体承担主体。

产权的重要特征即排他性。产权的排他性是以产权的清晰界定为基础，清晰的产权界定使得能够带来经济收益的产权具有激励功能和约束制约的功能。若未能明确界定会导致他人受益或者受损的权利和责任未能界定清楚，会造成

---

① 何秉孟主编：《产权理论与国企改革》，社会科学文献出版社 2005 年版，第 87 页。

外部性，使得产权进入公共领域。当进入公共领域时产权的收益或者损失的界定问题出现，则由产权带来的收益或者损失因产权不明晰无法分担收益和风险。那么产权所具备的规范人们行为的激励功能和约束制约功能丧失，会影响人的预期行为。因此，产权的排他性特点确定产权带来收益或者产生损失的责任人和归属，谁获取收益，谁将承担风险。

产权是一种稀缺的经济资源，产权能够产生经济利益，因此，经济人必然重视产权。产权可以带来收益或者损失，使用产权的人必定要承担带来收益或者损失的风险，只获取收益而不承担损失风险或者仅承担风险未获取收益，是对产权完整性的破坏。产权并非是一种虚无，必须要有一定的载体，在市场经济中产权的载体则是能够带来收益的生产要素。因此，进入企业的生产要素产权必须具有明确而清晰的界定。具有明晰产权界定的生产要素，在法律保护完善的前提下，实际收益的分配以及损失风险的承担也得到确认，其激励和约束的功能得到实现。若生产要素的产权未得到清晰明确的确认，则生产要素产权所带来的收益或者风险损失将无法确定，交易成本和外部性问题随之而来，不确定性风险增加，会出现只获取收益规避风险损失的承担或者只承担损失风险而不能获取收益，产权的激励和约束的功能丧失，导致企业效率下降。

2.1.3 产权与企业

无论新古典经济学所定义的企业是生产函数实现者和载体，还是企业的契约论观点（Coase，1937；Alchian and Demsetz，1972；Jensen and Meckling，1976），企业是契约型组织，企业必须投入劳动、资本、土地以及企业家管理才能等生产要素，才能生产出满足市场需求的产品，各个生产要素的所有者将其拥有完整产权的要素按照契约约定投入企业生产中，获取利润，实现生产要素增值目的。进入企业的生产要素前提必须有明确的产权界定，否则生产要素所有者会丧失积极性，不能实现其激励和约束的功能，导致企业效率的低下，特别是现代股份制公司中，企业的管理层表现得更为直接，资本以及土地则表现得更为间接，因管理才能是一种稀缺的资源，同时管理才能具有与人身的不可分割性质，若产权不清晰，其收益风险不匹配程度最为明显，因此受到打击最大，而资本要素虽是最终风险承担者，他可以廉价投票，转移风险。

国有企业是所有权共有状态，产权共有者之间没有明确产权，这自然影响投入企业的生产要素为共有财产，当要素产生有益时，谁获取收益，当产生损失或者风险时，谁来承担风险的问题？而进入民营企业生产要素的产权界定清晰，当获取收益或者产生风险时，承担主体明确，产权的激励和约束功能依然有效。因此，产权性质自然影响企业风险承担。

2.2 企 业 理 论

国有企业改革是中国经济改革的核心。国有企业改革的目的是增强国有企业的核心竞争力，提高企业效率，实现企业盈利，确保国家经济安全。国有企业是从产权的属性对企业进行类别的划分，是企业的特殊形式。国有企业与企业是特殊与一般的关系，对于一般企业的认识有助于深刻认识理解特殊性企业。因此，在系统研究国有企业治理与企业绩效问题之前，有必要回顾企业理论的发展和演变。

企业是市场经济的主体，是营利性组织。经济学意义上的公司、企业以及厂商，均是以营利为目的而存在的组织。《中华人民共和国公司法》第二条规定：本法所称公司是指依照本法在中国境内设立的有限责任公司和股份有限公司。有限责任公司中的责任含义由来："责任的含义有两种解释，其一指应做的事，如岗位职责任；其二指没有做好自己应该完成工作，出现不利的结果，需要承担的不利后果或强制性义务"①，不利后果或者强制性义务均是指未预见的不确定性风险，因此公司或者企业从法律形态上就有承担风险的"天性"。企业作为盈利的组织，是一个降低不确定性风险的组织，其目的是实现利润的最大化。从奈特到科斯对企业的认识均有充分论述，只不过相比较科斯，奈特更为关注企业家面对不确定性而导致风险如何做决策，如何生产，其关注点是企业家如何处理不确定性风险，而科斯关注的是企业组织形式如何面对引起交易成本的不确定性风险，假定企业的生产技术是固定的，没有不确定性，自然不用考虑企业家，二者都考虑到不确定风险问题，奈特的视角是基于企业内部，而科斯更加关注企业的外部组织形式。

---

① 辞海编辑委员会：《辞海》，上海辞书出版社 2009 年版。

2.2.1　企业的契约理论

1. 企业契约理论之交易费用

交易作为市场经济中普遍存在的现象，经常产生不确定性，包括交易前、交易过程、交易后、交易主体、交易对象等均会产生不确定性。人的经济属性使得人会规避高成本，同时也使得人面对客观自然世界的不确定性产生通过主观的设计避免不确定性的影响的想法，因此产生制度经济学。制度经济学前提是以不确定性的假设代替确定性假设，引发交易成本为"启点"的企业理论革命，虽然科斯在其理论中并未过多提及不确定性，但实际造成交易成本增加是因为存在不确定性，科斯（1937）同意奈特的观点，"不确定性问题常常被认为与企业的存在密切相关。如果没有不确定性，企业出现似乎是不可思议"。

长期以来新古典经济学家将企业视作一个"黑箱"，投入一定生产要素，在预算约束下最大化其利润。但是对其为什么采取这样的形式组织生产，以及企业生产组织如何实现的这些问题没有回答。科斯（1937）在《企业的性质》一文中，提出交易成本的这一概念，对企业这个"黑箱"进行解释，奠定现代企业理论基础。他认为作为经济人，企业是对于市场的一种替代，二者都是资源配置方式，价格配置资源并非无成本，当价格配置资源成本较大时，会选择企业替代市场，由于市场交易成本的存在，产生企业的组织形式配置资源。基于科斯的理论逻辑上可以认为企业是市场经济的产物，先有市场经济后有企业，市场经济中交易主体为追求利润最大化降低成本促使企业产生。同样也可以推理出，市场经济的某些特征，企业也会存在，即在企业内部同样会存在交易成本，当二者的边际成本相等时界定企业和市场的边界。

交易费用理论由张五常（1983）进一步发展，认为企业本质是要素市场合约替代产品市场合约，私有要素的所有者按照合约将要素的使用权转让给代理者使用，以便日后获取收益，要素所有者没有必要一一参与其要素与其他人的交易（因其成本太高，要素所有者没有必要参与产品市场的交易），他将这一权利以合约方式给予代理人。这意味，企业组织能减少甚至避免机会主义的观点并非是决定性，企业内部同样存在类似产品市场机会主义问题（张维迎，1994）。张五常理论虽有创见，将交易成本研究领域由产品市场推进到要素市场，但是在 20 世纪 80 年代企业理论研究数学化普遍盛行，非数理化模型很难进入主流经济学，因此他的文章和科斯的文章同样是"引而不用"待遇。

杨小凯和黄有光首次将科斯和张五常的企业理论与产权理论模型数学化（杨小凯，1994）。杨小凯和黄有光（1993，1994）基于消费者—生产者、专业化经济和交易成本三方面建立一个关于企业的一般均衡的契约模型，并且将企业所有权因素与企业定价成本纳入分析，并考察不同所有权结构对交易效率的影响。其模型有三个特征：一是假定每个行为主体既是生产者又是消费者，企业存在非必须，每个行为人都能够达到自给自足状态，即自己生产和自己消费，企业是否出现必须由理论本身解释；二是生产过程中存在专业化分工，每个行为主体作为消费者具有消费偏好多样化特点，作为生产者偏好生产专业化；三是经济活动中存在交易费用。模型中每个主体都能够提供两种商品，一种是衣服，另外一种是生产衣服的专业管理知识。因此，自给自足不会产生交易费用，即自己生产管理知识并用管理知识生产衣服，实际这种状况是构成产品的生产要素（生产衣服所用的管理知识和生产衣服的其他要素）所有权没有出现分离。另外是一部分人生产衣服，另外一部分人专门生产管理知识，二者专业化合作进行交易，于是产生交易费用，因此必须考虑专业化分工所带来的好处是否弥补交易费用。二人的理论突出贡献是证明由于管理知识的定价相比交易衣服和生产衣服的劳动定价成本高，认为管理知识是企业生产剩余的定价，应有管理者获得剩余，因此是间接定价理论，他们的理论已经触及企业所有权问题，由于所有权结构不同产生不同的交易费用，企业应尽量降低交易成本，寻求最优结果。

科斯的企业理论的另一部分由威廉姆森（Williamson，1979，1980）和克莱因等（Klein et al.，1978）等作拓展研究，又在梯诺尔（Tirole，1986），格罗斯曼和哈特（Grossman and Hart，1986），哈特和穆尔（Hart and Moore，1990）等研究上得到进一步发展，他们认为企业之所以出现是由于企业合约的不完备性，纵向一体化可以降低或者减少资产专用性所产生的机会主义问题，而不完备性归结其原因是不确定性而导致的风险。

2. 企业理论之代理成本理论

交易费用理论侧重分析企业和外部市场的交易关系，以阿尔钦和德姆塞茨（Alchian and Demsetz，1972）为先导的产权理论则主要分析企业内部激励结构问题。当企业以节省外部交易费用而存在同时，内部交易费用也并非为零，企业内部存在的机会主义，逆向选择，道德风险足以使得外部交易费用效率荡然无存，如何使得企业内部效率提升进而降低成本，是研究者关注的角度。产权是交易的前提条件，是构成合约的制度环境。在交易费用的理论中，各种投入要素的缔约者，应是要素的所有者，否则会带来无尽的成本，但是要素的投入目的是获取增值，因此要素增值分配显得尤为重要，不仅是结果，更是一种激励信号。在阿尔钦和德姆塞茨看来，企业绩效是团队的共同成果，每一个成员都对企业绩效有贡献，但是精确度量每一个人的产出贡献率难以获得，使得收益的分配成为难题，实际上杨小凯、黄有光（1994）研究间接定价的行为就已经涉及这个问题，只不过杨小凯和黄有光是从交易成本的角度衡量，而阿尔钦和德姆塞茨是从激励角度考虑。阿尔钦和德姆塞茨在研究团队生产时必然是以投入企业生产的生产要素产权是清晰的，否则收益的分配则变得更加复杂，但其理论并未考虑与收益如影相随的风险如何配置问题。当出现收益分配不均或者不公平时，会影响企业的效率，出现偷懒行为、搭便车行为，应有人监督，提出必须有人获得剩余索取权，同时应与剩余控制权匹配，且要求监督者在企业中应有固定投入，因具有固定投入的监督者，承担风险的可信度相比较流动要素的投入者会更高一些。从构成企业的合约要素的流动性角度分析非流动性要素承担风险的能力要强于流动性要素，因此，非流动性要素具有更为强烈监督动机（张晓燕，2004）。

企业代理成本是其所有权结构决定性因素（Jensen and Meckling，1976）。代理成本源自管理层或者经营者（代理人）非企业的完全所有者，在部分所有情况下，管理者努力工作，承担全部风险，但获取较少收益分配，或者管理者通过过度消费弥补收益分配不足，间接获得全部的好处，仅承担部分的风险，作为理性的管理者他会在个人收益和承担风险间进行取舍，进而产生企业价值小于其为完全所有者的价值，产生代理成本，产生风险和收益在管理者与所有者之间的如何配置问题。如果管理层是完全的剩余所有者，可以有效降低企业代理成本，但是现代公司绝大多数为有限责任公司，完全剩余所有者的管理者的能力同时受到自己的财富约束，根据 MM 理论，举债可以使得管理者剩余增加，但是这会使得债权人的风险承担加大，理性的债权人会预期到这一事实，反而在一定程度限制企业价值增加，因此，当出现风险和收益在债权人与管理者之间的分配问题，均衡的企业所有权结构是股权代理成本和债权代理成本均衡的结果，不同的所有权结构产生不同的风险承担激励导致企业运行效率不同。

继阿尔钦和德姆塞茨（Alchian and Demsetz，1972）的团队生产理论，詹森和梅克林（Jensen and Meckling，1976）代理成本理论，委托—代理理论研究更具体和深入，其结论来源于正式的模型推理。标准的委托—代理模型建立在两个基本假设基础上，P_1（委托人）对随机产出（产出量不确定性）无（直接）贡献（模型中，委托人对产出的分布函数没有影响）；A_1（代理人）的行为较为隐蔽不易直接被 P_1 观测（虽然有些间接信号可以利用）。基于这两项假设，委托—代理理论得到两个基本结论：（1）在任何满足代理者参与的约束及激励相容约束，而是委托人预期效用最大化的激励合约中，A_1 都必须承受部分风险；（2）如果 A_1 是一个风险中性，那么，即可通过使 A_1 承受完全风险（实际使其成为唯一的剩余收益索取者）的办法达到最优。但是如果放松假设，P_1 对产出做出自己的贡献，A_1 完全获得剩余索取权，P_1 积极性必将受到扭曲，另外如果花费一定监督成本（小于获取收益）使得 A_1 的行为可观察，则 A_1 的积极性受到影响，因其剩余索取变少。因此，剩余索取权是至关重要的，同时谁是委托人，谁是代理人也是关键因素。不同的代理人和委托人，分享剩余的动力不同，国资委对国企的绩效存在影响，但是管理层获得完全剩余索取势必影响国资委积极性，同时也会影响到国企所有者的利益，若管理层不能够获取相应的剩余，完全归国资委所有，管理层积极性同样受到影响，自然影响到其决策的风险选择和企业绩效。因此，这一理论认为解决有效风险分担和有效激励强度之间是两难选择的问题。

从企业团队生产理论、代理成本理论到标准委托代理理论的发展，使得对企业的关注由外部到企业的内部，由外部不确定性风险到不确定性风险产生收益分配衍生的激励问题，团队生产理论寻找最有效的监督者，代理成本关注股东与管理者，股东与债权人之间的风险分担与收益分配，对企业决策的影响，以及如何影响到企业的绩效和价值。标准委托代理理论通过模型证明风险分担与激励强度是两难的抉择。

3. 企业契约理论之企业所有权

企业所有权结构是不同产权性质的主体在企业中的地位及作用表现形式，是企业所有者实现其对企业控制的手段和工具，其中产权性质是本质，剩余控制权与剩余索取权是形式。格罗斯曼和哈特（Grossman and Hart，1986）以及哈特和穆尔（Hart and Moore，1990）发展了企业所有权结构模型。由于环境的不确定性，行为人在缔约时不可能预测到所有的可能结果；即便能够预测，但能否准确描绘每种状态也不现实；另外缔约双方掌握信息的存在不对称，当契约执行时，也会为此冲突；因仲裁成本可能太高，法院不可能对所有事实证实。为此，可以将契约权利归为两类：固定契约权利和剩余权利。特定契约权利在契约中明确予以确认，剩余权利则是契约规定之外的、具有不确定性的权利。当交易双方财产（所有权）被投入企业创造收益，且列示所有与财产（所有权）相关的契约成本过较高，最优的做法是缔约一方将其剩余所有权出售，获取收益。剩余控制权是指契约中无法事前规定的控制权，因此剩余控制权本身就是一种不确定性权利。剩余控制权的存在说明：（1）管理者和所有者并非完全理性，若其中任何一方是完全理性，则不会出现不完备契约；（2）剩余控制权之所以出现，是缔约双方或者一方都不曾预料到的问题，这就给具有剩余控制权的一方选择权，可以积极执行剩余控制权，也可以消极执行剩余控制权，而剩余控制权会带来不确定性的影响，主要有如下几种情况：（1）积极执行剩余所有权，给企业带来正收益，同时给执行剩余控制权人带来正收益。（2）积极执行剩余所有权，给企业带来正收益，给执行剩余所有权人带来负收益。（3）积极执行剩余所有权，给企业带来负（零）收益，给执行剩余所有权人带来正收益。（4）积极执行剩余所有权，给企业带来负收益，同时给执行人带来负收益。（5）消极执行剩余所有权，给企业带来正收益，同时给执行人带来正收益。（6）消极执行剩余所有权，给企业带来正收益，给执行人带来负收益。（7）消极执行剩余所有权，给企业带来负收益，执行人正收益。（8）消极执行剩余控制权，给企业和执行人都带来负收益。格罗斯曼和哈特（1986）以及哈特和穆尔（1990）发展的理论侧重将企业所有权定义为企业剩余控制权将会产生另外的不确定性，正如文中所列情况，作为不确定性权力的剩余控制权的是否执行、如何执行以及由执行带来的收益分配问题的不确定，不同的收益分配机制实质体现不同风险的承担秩序，不同风险的承担机制对企业管理层，企业所有者以及企业的剩余索取者产生不同的激励，进而影响到企业的运行效率和企业绩效。

由剩余控制权衍生出剩余索取权概念，是企业所有权重要方面。剩余索取权是一种收益权利，从总收益中扣除各项成本，包括税收、应缴费用利息、工资等成本费用，剩下的部分净收益的索取权利（当然也可能是负值，这时就是风险）。这意味着剩余索取权具有一定的激励信号，如何配置剩余索取权与剩余控制权更有利于企业效率提高？米尔格罗姆和罗伯茨（Milgrom and Roberts，2000）认为完整企业所有权应该是剩余控制权与剩余索取权的统一，剩余索取权与剩余控制权理应匹配。契约的不完备性使得享有剩余索权利的人是企业风险承担者，因为剩余索取本身具有不确定性，在固定契约被支付前得不到任何补偿。剩余控制权是指对能够带来收益财产的控制，但是这种剩余控制所带来的收益由于控制权的不确定性进而也会导致剩余收益的不确定性。剩余控制权是剩余索取权的基础，拥有企业剩余索取权的人能否获得得到的企业剩余收入，取决于剩余控制权的行使，剩余控制权保障剩余索取权；剩余索取权是剩余控制权的回馈，拥有企业剩余控制权的人也应当拥有企业剩余索取权，否则，拥有企业剩余控制权的人就不会对其行为负责，不承担风险，为激励和约束其努力工作，理论应让其拥有剩余索取权。这样拥有剩余索取权与剩余控制权的人是统一的。哈特（Hart，1995）进一步研究认为企业的剩余控制权与剩余索取权应该捆绑在一起究其原因是二者的分离会造成套牢问题，更为重要的是会导致公司控制权市场的无效率。剩余控制权的不确定性使得形式控制权本身就带有一定风险，因此剩余控制权是"风险的制造者"，为确保风险制造者的自利行为或者是偷懒行为必须给予其剩余索取权，这种权利不仅是一种约束同时也是一种激励，使得其做出在其环境内最优的决策。

不确定性产生契约的不完全性进而导致的企业剩余控制权和剩余财产权分配问题已经将企业理论问题的关注点逐步由企业的组织形式转移到企业的内部激励研究，再由企业的内部激励转移到企业所有权结构。企业所有权对激励的影响，实际从法学概念是体现产权的归属问题及其经济学意义。

企业经营状况主要有正常状态和非正常状态，企业的经营状况不同会出现不同的企业所有权结构，因此企业所有权是状态依存所有权：不同经营状态下剩余索取权和剩余控制权结构不同（Aghion and Bolton，1992；张维迎，1994，1996）。所有权在不进入市场经济中不会对所有者产生任何收益性产品，当其进入市场交换时，会产生收益，收益与风险的对应使得不同所有权状态下获取收益主体和风险承担主体是存在差异性的。

企业以及企业外部环境的复杂性和动态性（芮明杰，2005），企业的管理者是有限理性的经济人，企业生产要素的提供者（生产要素产权主体）也为有限理性经济人，企业生存于不确定性的市场环境中，由此导致企业的收益一定是一个不确定的变量，而非常量。因此，在收益的分配上必定会有人获取不确定性的报酬，可能是企业的股东，或者是企业债权人，也可能是企业管理层或者企业工人获取不确定收益，这导致企业的剩余不确定性。另外，企业的剩余可能为正，也可能为负，因此，最后获得剩余的生产要素（资本、土地、劳动、企业家管理才能）投入的主体，就会存在不确定性的风险承担问题。假定企业获得总收益为 TR，股东获取的收益为 SR，债权人获得收益为 IR，经营者

（管理层）获得收益为 MR，工人劳动工资为 W，生产要素会计成本 N，固定资产折旧费 D，则有 TR = SR + IR + MR + W + N + D 其中 N 和 D 是通过会计核算，是常量，TR 为不确定变量，因此，R_1 = TR − N − D = SR + IR + MR + W。R_1 仍然是变量，所以 SR、IR、MR、W 不可能同时为常量。则出现如下情况：

（1）SR、IR、MR、W 皆为变量，在 R_1 中享有的比例分配为 β_1、β_2、β_3、β_4，$\beta_1 + \beta_2 + \beta_3 + \beta_4 = 1$，即是 $R_1 = \beta_1 \times S + \beta_2 \times I + \beta_3 \times M + \beta_4 \times W$ 成立。（2）SR、MR、W 为变量，IR 为常量，则：$R_2 = R_1 − IR = SR + MR + W$。SR、MR、W 在 R_2 中享有的比例为 α_1、α_2、α_3，且 $\alpha_1 + \alpha_2 + \alpha_3 = 1$。（3）SR、MR 为变量，IR，W 为常量，则：$R_3 = R_2 − W = S + MR$。其中 SR、MR 在 R_3 中享有的比例分别为 γ_1、γ_2，且 $\gamma_1 + \gamma_2 = 1$。（4）SR 为变量，MR、IR、W 为常量，则：$R_4 = R_3 − MR = SR$。（5）MR 为变量，SR、IR、WR 为常量，则：$R_5 = R_1 − SR − IR − W = MR$。当 MR、SR、IR、W 同为变量，也即是管理层、股东、债权人和工人同为剩余索取权的获得者、风险承担和收益同时由四者分担的利益相关者治理结构。当 MR、SR、IR 同为变量，也即是管理层、股东、和债权人同为剩余索取权的获得者、风险承担和收益同时由三者分担的治理结构。企业中非人力资本要素（股权资本）为人力资本要素提供风险担保，股权资本又为债权资本提供风险担保。因此，股东是企业最大风险承担者，股东分享企业的剩余是顺理成章。但是，在现代公司制度下，股东不参与企业管理，而经营者的劳动又难以监督，经营者的代理身份会使得经营者是否也同样承担风险成为一个有意思的话题。如果经营者不承担风险，经营者获得固定工资，若经营者承担风险，其承担的风险是否和股东所承担的风险相同，他为什么要承担风险，动力何在？因此，有让经营者参与剩余索取是对经营者的激励手段，及企业剩余如何在股东和经营者之间进行分配，创造二者的同时最优状态。当 MR 和 SR 同为变量，也即是管理层和股东同时为剩余收益的获得者，则是管理层和股东同时承担企业风险，正如张维迎描述，现代制度企业的企业家和所有者共同承担风险和分享收益。在企业构成要素中人力资本与人力资本所有者不可分离的特点（周其仁，1996），非人力资本能为人力资本提供风险保证成为客观事实。因此，非人力资本提供者分享剩余，承担风险，理所当然，但非人力资本提供者的风险偏好并不一致，有风险中性，有风险规避，也有风险偏好，这导致他们为企业所提供的非人力资本会产生差异性，从而形成一部分生产要素的提供者成为企业的债权人，获取固定收益，还有一部分人获取剩余成为股东，也即是债权人的风险规避程度远远大于股东，其风险承担意愿较低。当 SR 为变量，则：$R_4 = R_3 - MR = SR$，实际为股东独享剩余索取权，也即是股东为剩余收益获取者，MR、IR、W 为固定收益的获取者，在古典企业中，由于股东既是非人力资本的投入者，又是企业的经营者，因此，独自承担企业风险是理想状态，企业效率最好，但是现代企业制度两权分离，使得作为代理人的管理者，并非总是以股东利益至上，出现道德风险、逆向选择和代理成本。国有企业的两权分离阶段就是这种状况，股东独享（国家），但是却采取代理制度，仅仅靠政治激励，代理人不承担任何风险，因管理层收益是固定的，但是管理层有足够的动力去获取个人收益，最终出现风险由股东承担，股东监督缺乏，内部人控制出现。当 MR 为变量，也即是管理层获取剩余索取权，SR、IR、W 为常量，股东、债权人、普通工人为固定收益获取者，则 $R_5 = R_1 - SR - IR - W = MR$，企业中管理者的风险承担水平要远远高于普通的劳动者，因此普通员工获取固定收益，管理者获取剩余（奈特，2006），奈特所谈论的是古典企业也即是所有权和经营权没有分离，管理层是企业的资本投入者，意识到管理层需要激励，承担风险。管理层获取企业剩余索取权观点更适于承包租赁制企业，企业管理层承包企业，为企业其他合约者提供固定的合约报酬，也即相当全部为债权的企业，企业的经营者仅仅投入管理技术和能力，管理者的技术能力是与其自身不可分的产权，使得其不可能为其他索取固定收益的利益者提供任何的风险保障，我国国有企业的改革初期即属于管理层承担风险，但当时中国并未形成职业经理人市场，外部约束并不存在，由于经济人的机会主义倾向，不可能承担企业经营风险，从而负盈不负亏是其必然结果，同时注重短期效益忽视企业长期发展。

管理者独享和股东独享反映国有企业改革的承包经营和两权分离阶段，相对应的是没有风险承担和利益匹配，风险承担主体不明确。现阶段国有企业改革过程中国有企业管理层仅仅给予剩余控制权，并未授予剩余索取权或者剩余索取权制度并不完善，最终导致风险承担与收益不匹配问题，导致"劳而不获"或者"不劳而获"现象。

4. 企业契约理论的评述

企业存在理论的逻辑是先有企业存在的交易费用理论，然后是企业运行效率的理论，接下来是企业运行结果分配理论，所有权理论，这个逻辑过程就是要素投入、要素运行以及基于要素收益分配，同时要素分配结果作为激励信号影响企业下一期运行效率和交易费用。

从交易费用理论、团队生产理论，到代理成本理论，委托—代理理论，再到企业所有权理论（剩余控制权和剩余索取权以及状态依存所有权），企业的契约理论研究路径演变从企业外部存在到企业的内部激励以及企业收益的分配过程，而这一过程是进入企业的要素追求利润最大化过程，交易费用理论是降低企业外部交易的不确定性风险而导致成本问题研究，团队生产理论、代理成本理论，以及委托代理理论研究是如何规避企业内部交易成本（机会主义、道德风险、监督成本等）形成的不确定性风险，提高企业运行效率，进而提升企业价值，企业所有权理论研究不同控制主体企业收益如何分配，企业风险承担如何配置，以及对企业运行效率和企业价值的影响问题。

从理论的梳理过程中发现所有的理论研究均将不确定性风险作为企业契约理论基础前提条件和隐含条件（见图 2 - 1），但并不是主要研究对象，不确定的风险问题一直存在，若所有进入企业的要素变量都是确定的，上述问题都不复存在。当不确定性而导致风险由市场定价存在困难时（成本较高），企业组

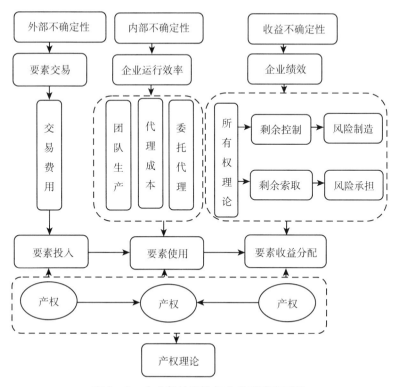

图 2 - 1　企业契约理论与企业不确定风险

织以契约的形式（固定成本）将风险交易集成化和稳定化，这实际是交易各方在获取交易风险溢价收益的同时，交易各方通过契约形式达成一个稳定的风险承担的机制，确保风险在企业内部的合理配置，降低了风险交易过程的不确定性。

　　企业契约理论的讨论起点和逻辑的终点都是企业存续过程中所面对的不确定性风险问题（见图 2-1），在市场经济中，无论是产品交易还是生产要素的交易，交易活动本身表现出是商品和劳务的交换过程，但其本质是伴随着商品和劳务产权交换过程同时进行的是不确定性和风险的交换转移，交易之所以产生前提是交易者通过交易行为达到降低不确定和风险的目的，而其结果只不过是确定性和风险再次分配。因此，企业契约理论表明作为缔结的契约各方之所以能够达成一致，是建立各方对不确定风险共同认识的基础之上而形成稳定的契约关系，产生企业组织。这些理论的最终目的是确保投入企业内的生产要素保值增值，也即是企业中要素所有者最终分享要素收益以及承担获取收益伴随的风险，这必然要求进入要素的产权清晰，影响企业的激励制度以及企业的运行效率，投入企业的生产要素所产生的收益如何分配，风险如何承担，收益和风险配置结果不仅仅是一种简单的分配，企业的运行作为一个连续的函数，分配的结果作为信号影响到下一期的企业运行（见图 2-1）。无论是产权理论还是企业的契约理论，都是客观的解释投入企业的生产要素（劳动、土地、资本以及企业家的管理才能）如何实现增值，这些要素进入企业后并非自动的配置达到效率最高，因此，考察企业理论我们必须要理解企业家理论，他们是一切客观生产要素的配置主导者，同时也是要素收益的主要影响者，他们在企业的经营过程中不可或缺。

2.2.2　企业的企业家理论

　　经济学中的"企业家"（Entrepreneur）一词出自西方，最早见于 16 世纪的法语文献——"Entreprendre"，最初含义是领导军事需要承担风险的人，随着资本主义兴起，商业活动及商业经营管理者在经济中地位日益突出，加之商业活动竞争激烈，不确定性因素较多，"商场如战场"，后逐渐演变"较强的承担风险和责任意识且开创并领导一项事业的人，含有冒险家的意味，承担风险和责任是定义企业家基础，开创和领导是其内涵外延具体表现"。最早论述企业家概念的是法国经济学家里坎提隆，在他的著作《商业性质概论》中认为，企业家是按照固定价格购买商品，充分利用市场价格波动的未被他人认识的获利机会将商品售出获取收益的人。收益本身具有不确定性质，企业家从事商品交易活动具有一定风险性，将商品在某一价格下购入，商品在不确定时空不确定的价格下出售，获取不确定性收益，坎提隆将经济活动中的"不确定性"和"承担风险"联系在一起，并且认为这是企业家的职责。企业家具有承担不确定收益同时承担收益带来的风险的特点。法国重农学派勃多（Baudeau）认为农场主的经营管理很大程度受制于自然环境的不确定性，同时农产品的价格受到市场影响，在农业经营过程中是风险承担者。萨依是继坎提隆后明确区分资本利润和冒险家的利润，利息是资本的利润，使用资本的劳动（管理家才能）利润是冒险家的利润，甚至把企业家称为冒险者。马歇尔是最早指出和强调企业家作用的人，在他眼里企业家是组织管理并承担风险的人，风险承担与管理权是统一而不可分割的。"斯密所指的企业家是那些把企业的风险和管理看作本职工作"。[①] 马歇尔认为经济活动本身是建立在对未来预测基础之上的，预测活动存在较高风险因素，因此企业家必须承担风险决策的后果，因经营管理决策带来的风险谋求保险手段解决是没有道理的。他认为企业出现和发展，是人们努力降低制造环节和销售过程中存在的固有风险的过程，是寻找和发现最优风险承担者的结果。马歇尔的观点即使在现代管理的决策理论依然具有说服力，企业在战略决策过程中，企业的高层依然要进行终极决策，企业管理层承担决策的风险，也即是具有管理决策权的主体必然承担风险。德鲁克（1985）等人则认为企业家的本能是谋取利润，而开拓市场并为此承担风险的是革新者，突出创新意识和风险态度在企业家形成机制中的核心作用。

明确从风险承担视角探讨企业家理论的典型代表人物是奈特。"大规模的组织形式在以下这些领域，如缺乏劳动分工且有动机要合并或对不确定进行归组的领域，都显示出一种增长的趋势"（奈特，2006），从奈特观点看企业是不确定条件而产生风险分担的组织形式，意味着企业的存在是风险承担主体合作的结果。在专业化分工程度较高企业内部，由于不确定性问题存在使得"决定做什么和怎样做"成为企业活动的关键。管理层决策的结果不确定性，无法保险特点，使得企业内必须有人承担决策后果。企业家保证犹豫不决者或怯懦者（风险承担水平较低者）能够获得固定收益，为此他们将支配他人工作的权利赋予企业家，企业家获得指挥（控制）权承担风险。所以，奈特的逻辑

---

① 马歇尔：《经济学原理》（下卷），商务印书馆 1991 年版，第 392 页。

是企业家因承担不确定性而获得对劳动和资本的控制权。奈特思想中认为不确定性风险的存在使得剩余索取权和剩余控制权的对应为不确定性承担的逻辑。但是奈特并未在著作中说明企业承担不确定性的成本和收益的分析框架，仅仅说明不确定性是利润的来源，为什么管理者承担不确定性风险是一种有效率的管理手段？阿尔钦和德姆塞茨（Alchian and Demsetz，1972）用团队生产理论，詹森和梅克林（Jensen and Meckling，1976）代理成本，以及后来的委托—代理理论解释这件事情。熊彼特（1934）认为企业家是敢于冒险的创新者，对奈特的观点提出质疑，认为现代资本市场是一个企业家发现肯为他承担风险的资本家，认为"不确定性由资本家承担，但奈特认为企业最重要的决策既是对决策者的选择，而其他决策或意见的执行归结常规工作"，但熊彼特认为企业利润是企业家创新活动中承担风险的报酬。熊彼特的观点过度强调企业家追求个人业绩而忽视企业组织是企业家存在的前提，不确定性而导致风险是客观存在企业之中，不解决企业风险承担问题，企业家创新活动则无从开始。由于信息不对称性和不完全性，监督企业管理层比监督企业生产者成本更高，资本（财富）传递企业家能力的信号，资本雇佣劳动是有效率的选择（张维迎，1995），但是其理论并未把资本或者财富作为承担风险能力的信号功能与作为显示企业家能力的信号功能区别开来，也即是高能力的管理者并不一定是高风险承担者，高风险承担可能高收益，说明具有较高管理才能并非一定能获取高收益，高能力、高风险承担才导致高企业价值。日本学者万成博（Hiroshi Mannari）认为"企业家是指占有或取得企业资产并承担经营风险、从事市场交易的主体，企业家的上述功能通常被称为企业家精神，毛蕴诗认为承担风险是企业家的特征之一"（李新春和丘海雄，2002）。

在回顾企业家理论中，我们发现绝大多数的学者认为企业家的主要职责之一是挑战不确定性环境，包括企业内部的不确定性和外部的不确定性，不确定性而导致的风险承担者是经济学家赋予企业家的最普遍角色。

2.3　企业与风险承担

2.3.1　企业与风险承担

企业是契约的集合。企业是契约集合体现在生产要素的所有者将其要素投入企业生产当中，在市场经济中作为理性的经济人，这些生产要素的投入者之所以投入生产要素是为了避免市场不确定性产生的交易成本和机会主义，以及信息不对称，并获取自己生产要素收益的最大化。若生产要素的所有者直接在市场中出售自己的生产要素收益远远大于企业分配所得收益，恐怕要素所有者也不会参加企业组织。进入到企业的要素（非人力资本要素）并不能直接自动的转化成产品，因此人力资本要素存在使得非人力资本和人力资本的合作成为必要（企业家或者管理层的资源配置职能体现）。人力资本在企业中是管理知识的所有者，依靠知识的自信和个体特质对企业要素资源配置，实现资源要素的增值过程。企业中人力资本（企业家或者管理层）是管理的主体，进入企业的非人力资本和普通劳动者则成为管理的客体。企业管理是利用行政权威配置经济资源的过程，具有一定不确定性风险，既有管理客体不确定性而导致风险又有管理运行时空不确定性，以及管理工具手段不确定性以及管理结果不确定性风险。进入企业的任何要素最终实现要素的价值增加，表现为获取收益，当企业面临诸多的不确定性时，收益的获取必然伴随风险，因此收益的分配和风险承担显得尤为重要。阿尔钦和德姆塞茨（Alchian and Demsetz, 1972）认为企业产出是企业所有成员共同努力的结果，不可否认任何成员对组织的贡献，但是精确度量每一个人的产出贡献率难以获得，使得收益的分配成为难题。当出现收益分配不均或者不公平时，会影响企业的效率，出现偷懒行为，搭便车行为，应有人监督，提出必须有生产要素获得剩余索取权，同时应与剩余控制权匹配，且要求监督者在企业中应有固定投入，因具有固定投入的监督者相比较流动要素的投入者承担风险的可信度会更高一些。人力资本成为管理者并获取剩余收益，并非是天然的，杨小凯和黄有光（1994，1995）认为管理知识直接定价成本过高，导致交易费用增加，因此具有管理知识的人力资本获取剩余是一种间接定价，有利于降低企业交易成本，提高效率。

代理成本源于管理者（代理人）非企业的完全所有者，在部分所有情况下，管理者努力工作，承担全部责任（风险），获取较小收益，或者他可以通过消费额外收益，获得全部的好处，仅承担部分的风险，作为理性的管理者他会在个人收益和承担风险间进行取舍，进而产生企业价值小于其为完全所有者的价值，产生代理成本，它是外部所有者理性预期内必须由管理者自己承担的成本或风险。管理者成为完全的剩余所有者，可以消除或者减少代理成本，但是现代公司绝大多数为有限责任公司，完全剩余所有者的管理者的能力同时受到自己的财富约束。根据 MM 理论，举债可以使得管理者剩余增加，但是这会使得债权人的风险承担加大，理性的债权人会预期到这一事实，反而在一定程度限制企业价值增加，因此，就会出现风险和收益在债权人和管理者之间分配的问题。此时，最优的企业所有权结构是股权代理成本和债权代理成本达到均衡结果。从交易费用理论、团队生产理论、代理成本理论到委托代理理论，对企业的认识始终没有逃离新古典经济学对于企业目标的定位——追求利润最大化（价值最大化）。企业契约理论是企业理论中比较流行的观点，企业契约理论认为企业是一组契约的结合，各个契约的缔约者将其具有所有权的要素（人力资本和非人力资本）投入企业中，其目的是获得生产要素的增值。客观事实上信息不完全和信息不对称产生不确定性，使得要素的所有者成为有限理性的经济人。交易费用理论研究市场和企业的边界问题，解决企业存在性问题，其主要结论是企业的存在能够降低外部不确定性导致交易成本，要素所有者收益增加；团队生产理论、代理成本理论以及委托—代理理论将研究的重点转移到企业的内部，特别是现代公司制度产生后，并非企业内部不存在交易成本，因不确定性的客观存在导致契约的不完全性，如何使得投入企业要素增值以及增值后的收益分配成为影响企业内部交易成本的关键（影响企业价值），产生剩余控制权和剩余索取权以及监督问题的产生，而剩余控制权在前，剩余索取权在后，剩余控制权源自不确定性，由此导致的剩余索取权的标的——剩余收益也是不确定的。因此无论交易费用、代理成本理论、委托—代理理论都隐含着这样一个问题，即签订契约的主体都面临着承担不确定风险问题，只不过承担程度大小的问题。

张维迎（1995）认为人力资本产权具有不可分性，物质资本具有抵押特点，使得物质资本相对人力资本更具有保险功能和承担风险，因此，资本雇佣劳动力。周其仁（1996）认为人力资本同样受到职业经理人市场的影响，有名誉的负面影响，以及股东投资分散化，职业经理人同样承担风险。

奈特则直接从企业家天性认为企业家具备冒险的天性，有足够的自信去承担风险，因此，企业家应是企业的剩余索取者。奈特指出，导致利润的唯一"风险"是"本质上不能进行保险、不能资本化、也无法付给工资的绝无仅有的不确定性"（奈特，2006）。在奈特看来企业利润是企业家处理风险的结果或者是风险的回报（不可度量的不确定性）。

企业的契约理论和企业家理论共同指向一个问题，不确定性而导致风险承担问题影响企业的效率，其中契约理论中交易费用理论间接引入风险承担，企业家理论直接引入风险承担问题。科斯和张五常交易成本理论认为不完全契约使得交易费用存在，契约之所以不完全是不确定性导致行为人的有限理性，不确定性存在影响风险进而影响企业的收益，只不过这二人的理论没有过多讨论管理者的作用，这个问题用杨小凯和黄有光的理论模型进行讨论，他们基于所有权结构不同认为：由于管理知识相比较管理者是难以定价的，只能让管理者获得剩余的方式降低交易成本。交易成本理论是静态的企业存在理论，但是涉及不确定性是企业产生的诱因，也说明完全竞争的市场结构是不存在的，否则不会产生企业。团队生产理论、代理成本理论、委托代理理论相比较交易费用理论而言，更多研究进入企业契约的要素的运行效率和要素收益分配问题，因为企业内部同样存在不确定性和交易成本，运用理论模型证明有效的企业所有权安排是剩余控制权和剩余索取权的匹配，也即是风险制造和风险承担相匹配。团队理论从监督成本角度理解，代理成本从所有权的不完整角度解释，委托—代理理论从激励约束角度理解，但是他们最终都承认企业的所有权安排是剩余控制和剩余索取的匹配，这包括交易费用的间接定价理论（杨小凯和黄有光，1994）。相比较前面理论间接论述风险承担和收益，企业家理论的代表奈特则直接从风险承担的角度认为管理者应该是风险承担者和剩余索取者，包括张维迎（1995）、周其仁（1996）均有相同的认识。

无论是企业的契约理论还是企业家理论，不确定性风险始终伴随着企业，但这些理论并非是以不确定性风险展开的探讨，而是将其作为隐含的前提条件，不确定性而导致的风险在企业追求利润、价值最大化过程中始终存在。风险与收益始终形影相随，风险承担问题并非企业治理主要研究对象，但从理论基础看不确定性是现有的企业治理理论构建的基础，不确定性而导致风险承担问题有必要存在于企业治理理论架构中，否则将无法与现实的企业治理理论发展相适应。因此，有必要将风险承担问题在现有企业治理理论中有所体现，构建一个新的、以不确定性风险分析为逻辑起点的公司风险治理研究框架。这意味着现有公司治理理论为风险承担的引入留有理论空间。

2.3.2　产权与风险承担

企业是契约集合同时企业也是一组产权集合。企业的契约理论和企业家理论的演变过程表明影响企业效率的因素之一是产权（见图 2 - 1），另一个因素是企业家或者企业管理者。无论是支持企业契约理论还是支持企业家理论的学者，在论述理论都不可避免地谈及企业面临的不确定性，而这种不确定性是企业风险的来源同时也是企业利润的源泉。企业是人力资本要素和非人力资本要素合作的产物，合作的前提是进入企业的要素必须要有明确的产权，否则会给企业带来过多的不确定性导致企业低效率（见图 2－1）。无论是交易费用理论、团队生产理论、代理成本理论、委托代理成本理论以及企业所有权理论，产权清晰是理论构成的重要影响因素。当进入企业的要素产权不清晰，或者产权归属不明确，不仅不能实现降低交易成本的目的，企业的合约不能顺利达成，即使达成也会带来更多的不确定性。当产权不清晰出现在企业内部时，会导致严重的代理成本、道德风险和逆向选择问题，影响企业的内部运行效率。产权不清晰不仅影响企业的形成以及企业内部的运行效率，更为重要的是产权不清晰导致企业收益分配出现严重障碍，出现"不劳而获"或者"劳而不获"现象，企业的运行并非一次性博弈，企业是连续的生产函数，因此任何一次的收益分配结果信息都会影响到企业的下一期运行效率。构成企业任何合约都存在不同程度的不完全性，在决策人有限理性下，剩余控制权和剩余索取权的对应所有权结构使得收益和风险对应着风险制造者和风险最终的承担者，而归属清晰的产权是根本（见图 2－1）。企业剩余控制权与企业剩余索取权是企业所有权理论重要内容，企业剩余控制权是能够带来收益或者风险的不确定性的权力，当行使剩余控制权的主体产权归属不清晰时，行使控制权带来收益或者风险如何分配必然受到影响，剩余控制权行使主体是否行使控制权和如何行使控制权的不确定性增大，剩余控制权本身是企业风险制造，其产权归属不明确自然风险承担也不明确。奈特充分论述企业作为处理不确定性风险的存在组织的合理性，认为企业家是解决不确定性风险的最佳候选人，同时解释利润源自不确定性而导致风险，这与奈特"眼中"的企业逻辑是一致的，但奈特文中所描述的企业是新古典企业，产权是清晰的私有产权，并不存在管理权和所有权分离，在古典企业中企业管理者既是企业的资本提供者同时也是企业管理者，产权与企业的所有权是等价的，企业的要素投入者与企业中要素的配置者以及获取要素所带来的受益者是同一个体，因此，从要素市场到产品市场过程中所产生的不确定性风险以及受益的承担者是统一的，不存在分离的现象，激励信息明确，企业治理变得相对简单。随着现代公司制度的兴起，企业的要素（资本）所有者不再参与企业的经营管理，而是委托他人管理自己的要素，企业的所有权与经营权分离，企业资本提供者不再是企业的管理者，他们转让其资本所有权中的使用权，而企业家（管理者）拥有的是使用权（经营权），但是资本提供者保留获取收益的权利，这时风险和收益这对统一体出现了分离。

当企业演化成现代制度意义的企业时，企业所有权和管理权分离，企业同样需要承担不确定性而导致的风险，风险承担问题不像古典企业那样简单仅仅由企业所有者兼管理层的企业家承担，风险承担主体是管理层还是企业所有者承担风险？同样古典企业风险承担问题并未涉及企业产权性质问题，当两权分离时，在企业的所有权结构中拥有剩余控制权的主体产权性质是否会影响到企业的风险承担水平？企业产权性质影响企业风险承担的路径是什么？会对企业绩效产生怎样的影响？

理论上，不确定性研究是现代企业理论的逻辑出发点和研究基础。由不确定性而产生的风险与收益以及由此衍生出风险承担问题由来已久，无论在企业契约理论中还是企业家理论中，不确定性环境及其处理都是企业治理理论研究的前提，虽然企业治理建立在以不确定和风险为前提条件基础之上，不确定性导致风险本身就是理论的必要构成部分，但是在企业治理结构中却缺乏由不确定性而导致风险以及风险承担问题的研究。因此，现有企业治理基础理论为本书探讨风险承担问题提供基础。鉴于不确定性而导致风险承担在企业治理结构中的地位，一个基于风险承担视角的企业治理结构应该具备的基本要件和特征必须得到详细的描述。

2.4　产权性质、市场竞争与企业风险承担

自1984年10月召开的党的第十二届三中全会做出的《关于经济体制改革的决定》开始，中国正式开启国有企业改革为中心的城市经济体制改革进程。国有企业治理问题逐渐成为关注焦点，绩效是国有企业治理研究的归宿，学术界和管理实践者孜孜不倦地寻找影响国有企业绩效因素，探索解开国有企业绩效之谜，以国有企业绩效为中心的研究经久未衰。因此，国有企业治理与国有企业绩效关系研究顺理成章成为学术界和实物界关注的热点问题。

相比较一般性的企业而言国有企业有其特殊性，首先，国有企业的产权性质为公有制特点，使得其代理成本问题变得更为复杂，企业的目标也呈现出多元化；其次，中国市场经济体制形成的时间较短，国有企业改革与建立和完善市场竞争机制几乎同时开始，市场竞争机制并不完善，国有企业与市场竞争机制关系如何处理、国有企业在市场经济中如何定位以及如何利用市场经济中竞争机制改善国有企业绩效等问题有别于一般性质的企业；最后，国有企业的管

理层任命和激励方式有别于一般企业，主要依靠行政任命以及单一行政激励为主。国有企业绩效的实证研究主要以产权理论、交易成本理论、代理成本理论、委托代理理论、信息不对称理论、企业家理论以及企业所有权理论等理论为基础，围绕着国有企业产权性质与企业绩效、市场竞争机制与企业绩效、国有企业管理层激励与企业绩效展开。

2.4.1 产权性质与企业绩效

20 世纪 80 年代英国政府因国有企业效率问题掀起国有企业民营化的浪潮，接下来的数十年间私有化浪潮席卷全球，20 世纪 90 年代苏联和部分东欧国家采取"休克疗法"彻底民营化最为引人注目，截至 20 世纪 90 年代，全球超过 80 多个国家经历过国有企业民营化的过程。然而国有企业民营化并未完全达到变革者的预期，2008 年金融危机爆发后，民营企业国有化的热情被再次点燃，以美国为首西方国家为拯救经济开始将国有资本大量注入民营企业，欧洲经济危机后英国和德国动用财政资金注入商业银行，与此同时中国政府推出四万亿元刺激计划，2009 年国有企业山东钢铁集团（处于亏损状态）兼并民营企业日照钢铁有限公司（盈利状态）。2008～2009 年，山西省民营资本受到行业管制退出煤炭行业经营。围绕国有企业的产权性质为中心的"国进民退"和"国退民进"两种国企改革方向在不同国家出现，甚至在同一国家不同时期两种改革的形式交替出现。民营企业还是国有企业效率更高是企业产权性质与企业绩效争论焦点，企业产权性质与企业绩效之争实证研究从未停止过。

国有企业相比较民营企业缺乏效率，主要是国有企业需要关注就业和政治因素（Boycko，1996），博德曼和维宁（Boardman and Vining，1989）为考察产权性质对企业效率影响以 500 家大型企业为样本，其中，国有企业 58 家，混合制企业 23 家，民营企业 419 家，结果发现相比较国有企业和混合制企业民营企业效率最好。德温特等（Dewenter et al.，2001）选取世界 500 强企业为样本，按产权性质将样本划分为国有企业和民营企业，比较国有企业样本和民营企业样本在 1975 年、1985 年、1995 年以 ROA 和 ROE 会计指标为企业盈利水平是否存在差异，研究结论表明国有企业盈利能力在 1% 水平下显著低于民营企业。受到产权性质的影响企业代理问题的产生和解决方式以及企业控制权的行使方式上存在着显著差异，这些差异对企业绩效产生不同的影响

（Djankov and Murrell，2002；Megginson and Netter，2001）。如国有企业代理成本高于民营企业代理成本（吕长江和张艳秋，2002；张兆国等，2005），但也有研究发现相比较民营企业，国有企业承担更多社会和公众责任，以及在代理成本问题控制较好（王鹏，2008；李明辉，2009）。国有企业改革首先要解决企业的产权界定问题（张维迎，1995），国有企业绩效效率低的主要原因是国有企业产权性质公有制而导致国有企业产权不清晰、委托代理链条过长、代理层次过多，以及国有企业的目标多元化的问题。

大量的实证文献表明相比较国有企业的经营效率而言民营企业经营效率更高（Megginson and Netter，2001）。国有企业民营化后，企业监督激励机制发生转化，降低多层代理间博弈所带来的交易成本；还有部分学者认为民营企业与国有企业相比产权归属清晰，激励信息明确，能够发挥产权的经济意义，有利于企业绩效提高；另外还有学者的研究表明民营化后企业的经营目标变得更为明确和单一，避免预算软约束。

企业产权性质与企业绩效间的关系研究之所以存在分歧，国外学者的研究大多以成熟的市场经济为背景，若改变企业产权性质的成本很低，每一个追求价值最大化的企业都有唯一的最优的所有权结构与其对应（Demsetz and Lehn，1985），也即是企业所有权性质与企业绩效的研究不会存在规律性结论存在。对于转型经济体而言，企业所有权性质主要是通过行政手段和政治程序或者是为了实现政治目的和意图决定的，并非是市场交易的结果，因此企业所有权性质的形成可以看作外生性变量。

2.4.2 市场竞争与企业绩效

产权性质并非国有企业绩效低的根本原因，解决国有企业绩效低下的根本途径是完善市场竞争机制，降低信息不对称问题而导致的效率低下，可以解决代理成本问题以及道德风险和逆向选择问题，改善国有企业的绩效（林毅夫，1997）。刘芍佳和李骥（1998）认为单纯地研究企业产权性质与企业绩效关系而忽视企业外部市场竞争的作用，不能很好地解释产权与企业绩效之间的关系，因此，在研究企业绩效时应加入市场竞争为前提条件，提出超产权理论，使学术界开始将产权性质问题和市场竞争机制对企业绩效的影响统筹考虑。凯夫斯和克里斯琴森（Caves and Christiansen，1980）以垄断程度较高的加拿大铁路行业公司为样本发现无论是国有铁路运营公司还是民营铁路运营公司，其效率不存在显著差异。亚罗（Yarrow，1986）通过调查发现国有企业民营化后其效率存在变化，但是相比较而言市场竞争对企业效率变化远远大于企业产权性质。惕腾贝恩（Tittenbrun，1996）统计85篇产权与企业绩效学术文献研究结论发现：市场结构是影响企业绩效的重要因素，即企业绩效与市场竞争程度有关，在竞争程度较高的市场环境中，民营化企业有利于企业绩效的提高，但若企业所处的行业为垄断性质，企业绩效与市场竞争程度关系并不明显。

综上所述，企业产权性质、市场竞争与企业绩效（或企业价值）间关系研究还远没有达成一致性的结论。是企业产权性质重要，还是市场竞争机制重要？现有实证研究文献并未给出明确答案。现有实证文献在研究企业绩效过程中围绕着产权性质与市场竞争等关键因素开展大量的实证研究，并且得到了富有成效的结论，但是已有的文献在研究产权性质与企业绩效关系中多为变量两两之间的关系，可能忽略变量之间存在未发现的中间变量影响产权性质与企业绩效的关系。企业绩效是收益的具体表现形式，同时也是一种结果性变量，意味着企业绩效隐含着风险因素。高风险高收益是统一体，较高的绩效必然伴随着较高的风险，这要求收益的承担主体必须具有较高的风险承担水平。已有国有企业绩效文献并未考虑到获取企业收益的主体同时需要承担风险因素，影响企业绩效的产权性质和市场竞争可能并非直接影响，企业绩效与企业风险承担存在影响，2.4.3 小节和2.4.4 小节对此进行详细的文献评述。

2.4.3 产权性质与企业风险承担

企业是契约集合同时企业也是一组产权集合。企业的契约理论和企业的企业家理论的演变过程表明影响企业效率的因素之一是产权（见图 2 - 1），另外企业家或者企业管理者同样是影响企业绩效的重要因素。无论是支持企业契约理论还是支持企业家理论的学者，在论述理论都不可避免地谈及企业面临的不确定性，而这种不确定性是企业风险的来源同时也是企业利润的源泉。企业是人力资本要素和非人力资本要素合作的产物。合作的前提是进入企业的人力资本要素和非人力资本要素必须要有明确的产权，否则会给企业带来过多的不确定性导致企业低效率（见图 2 - 1）。无论是交易费用理论、团队生产理论、代理成本理论、委托代理成本理论以及企业所有权理论，产权清晰是企业治理理论构成的重要影响因素（见图 2 - 1）。当进入企业的要素产权不清晰，或者产权归属不明确，不仅仅不能实现降低交易成本的目的，企业的合约不能顺利达成，即使达成也会带来更多的不确定性。当产权不清晰出现在企业内部时，会导致严重的代理成本、道德风险和逆向选择问题，影响企业的内部运行效率。产权不清晰不仅影响企业的形成以及企业内部的运行效率，更为重要的是产权不清晰导致企业收益分配出现严重障碍，出现"不劳而获"或者"劳而不获"现象，企业的运行并非一次性博弈，企业是连续的生产函数，因此任何一次的收益分配结果信息不仅影响到本期的绩效同时也会影响到企业的下一期运行效率。构成企业任何合约都存在不同程度的不完全性，在决策人有限理性下，剩余控制权和剩余索取权的对应所有权结构使得收益和风险对应着风险制造者和风险最终的承担者，而归属清晰的产权是其根本（见图 2-1）。企业剩余控制权与企业剩余索取权是企业所有权理论重要内容，企业剩余控制权是能够带来收益或者风险的不确定性的权力，当行使剩余控制权的主体产权归属不清晰时，行使控制权带来收益或者风险如何分配必然受到影响，剩余控制权行使主体是否行使控制权和如何行使控制权的不确定性增大，剩余控制权本身是企业风险制造，其产权归属不明确自然风险承担也不明确。奈特充分论述企业作为处理不确定性风险的存在组织的合理性，认为企业家是解决不确定性风险的最佳候选人，同时解释利润源自不确定性而导致风险，这与奈特"眼中"的企业逻辑是一致的，但奈特文中所描述的企业是新古典企业，产权是清晰的私有产权，并不存在管理权和所有权分离，在古典企业中企业管理者既是企业的资本提供者同时也是企业管理者，产权与企业的所有权是等价的，企业的要素投入者与企业中要素的配置者以及获取要素所带来的受益者是同一个体，因此，从要素市场到产品市场过程中所产生的不确定性风险以及收益的承担者是统一的，不存在分离的现象，激励信息明确，企业治理变得相对简单。

随着现代公司制度的兴起，企业的要素（资本）所有者不再参与企业的经营管理，而是委托他人管理自己的要素，企业的所有权与经营权分离，企业资本提供者不再是企业的管理者，他们转让其资本所有权中的使用权，而企业家（管理者）拥有的是使用权（经营权），但是资本提供者保留获取收益的权利，这时风险和收益这对统一体出现了分离。在 EMH 和马克维茨的资产组合理论基础上，由夏普（Sharpe，1964）、利特纳（Litner，1965）、莫森（Mossin，1966）提出 CAPM 模型，其结论之一是风险和收益是正相关的。莫迪格利安尼和米勒（1955）的 MM 理论也证明当企业负债率越高时，企业价值越高，该理论从债权人角度说明高风险高收益。风险与收益正相关已经成为共识。绩效作为企业的收益表现形式蕴含一定的风险因素，当企业获取较高的收益时，企业同时承担较高的风险。高风险高收益，意味着高收益高风险承担水平。高收益的承担主体，同样需要承担较高风险水平。收益是结果型变量，是进入企业中不同生产要素增值的结果，进行收益分配过程，同时也是风险再分配过程。理想的状态是生产要素的拥有者获得与其要素收益相匹配的风险，其前提是要素的所有者对投入企业生产要素具有清晰而明确的产权。因此，企业的产权性质不仅与企业的绩效相关，同时隐含着企业的产权性质与企业的风险承担相关。当企业的收益分配未与其对应的风险承担相匹配时，产权的经济意义丧失，其不再具有激励的作用，投入企业的要素的所有者会出现积极性受挫，导致企业效率下降、收益降低。国有企业与民营企业的区别在于民营企业的生产要素产权界定清晰，同时其归属不存在争议，因此，当企业是古典企业，所有权与经营权一致的情况下，获取要素在生产过程中的收益的主体，同时也是风险承担的主体，风险和收益匹配；当企业是现代公司制企业时，所有权与经营权分离的状态时，出现代理成本问题，企业收益分配不仅与企业产权归属相关，同时也产生收益和风险在管理层和所有者之间进行分配，相比较古典企业收益与风险承担的匹配度有所下降；国有企业不仅是现代制公司企业，同时国有企业其产权性质属于全体国民所有，并由代理机构代管，国有企业产权虚置，因此由于要素产权归属不清晰，国有企业收益与风险分配更加复杂，作为理性的经济人更多的获取收益而规避风险承担，国有企业利益相关者经多次重复博弈增加交易成本，同时使得产权的激励信息丧失，加之国有企业的代理链条比民营企业长，由于代理成本而导致的风险承担与收益不匹配程度加深，降低国有企业效率。企业所有权界定不同会产生不同的约束—激励机制。国有企业产权主体存在虚置问题，代理链条过长，会出现监督机制和动力缺失，因此，国有资产保值增值的过程中会出现他人分享收益或者替代他人承担风险的问题，而民营企业产权归属清晰，经营资产的收益及其伴随收益产生的风险有明确的所有者承担。

国有产权性质具有公有属性，其最终归属全民所有，由政府及其行政机构代理，因此，国有企业股份制改革过程中，政府仍然是大股东，政府及其代理人在经营国有资产时，不仅要考虑经济目标，也需要考虑战略目标、国家经济安全、社会责任、充分就业等目标（Shleifer and Vishny，1994），其目标呈现多元化趋势，未必以追求利润最大化为首要目标，对于风险更为谨慎。

稳定在经济发展的重要性不言而喻，稳定的基调使得具有政治属性国有企业管理层从其自身利益考虑，获得职务的晋升激励，使得他们有动力确保个体收益不受到损失，更多地采取保守型经营，会选择规避风险性较高的预期净现值大于零项目，降低风险承担。拉詹和津盖尔（Rajan and Zingales，2003）的研究结论及其构建指标体系，为本书的主旨关切提供了一个重要启示即一国的制度环境变迁尤其是产权背景变化等对于公司的风险回报特征或价值效应，乃至金融市场的发展显然具有重要影响。

我国上市公司中绝大多数为国有企业，其实际控制人为各级政府。刘芍佳等（2003）研究发现在上市公司中有84%的公司直接或间接地被政府最终控制着，其中政府直接控制占8.5%，约75.6%的上市企业由政府通过金字塔形股权结构实施间接控制。各级政府机构委托各级国有资产管理机构（国资委）负责企业的监管，国资委通过政治途径任命企业的实际管理人员，企业的管理层不仅受到上级管理部门的经济考核（经济激励和约束），同时还面临政治隶属管理（政治激励和约束）。两种激励对待风险的态度是不同的，企业所有者行为的行政化导致企业内部缺乏真正的风险承担主体，而有效的公司治理结构重要假设前提是拥有剩余索取权的所有者是企业风险承担者，这样有利于提高企业效率（杨瑞龙，2014）。

当企业演化成现代制度意义的企业时，企业所有权和管理权分离，企业同样需要承担不确定性而导致的风险，风险承担问题不像古典企业那样简单仅由企业所有者兼管理层的企业家承担，风险承担主体是管理层还是企业所有者承担风险？同样古典企业风险承担问题并未涉及企业产权性质问题，当两权分离时，在企业的所有权结构中拥有剩余控制权的主体产权性质是否影响到企业的风险承担？企业产权性质影响企业风险承担的路径是什么？会对企业绩效产生怎样的影响？

2.4.4　市场竞争与企业风险承担

市场结构是企业间竞争及风险的关键（Demsetz，1973；Hou and Robinson，2004；Irvine and Pontiff，2009）。自2008年金融危机爆发后越来越多的学术研究者将公司风险及其绩效波动的根源归为激烈产品市场的竞争（Irvine and Pontiff，2009）。垄断市场和完全竞争是市场结构的两种极端形式，对于企业效率而言均会产生过犹不及的结果（Demsetz，1973）。随着市场经济逐步完善，国有企业混合所有制改革的推进，多数行业的限制性壁垒消除，企业将面临更为激烈的竞争。候和罗宾逊（Hou and Robinson，2004）研究发现市场竞争结构与企业绩效存在显著相关，即竞争程度越低，企业的绩效将下降，基于 SCP 的分析范式并为此提出风险视角的解释：市场结构影响企业的经营决策进而决定企业的风险，当企业从事的创新活动是高风险项目，必然要求较高的收益为其回报，其实质体现高收益高风险承担的内在统一。基于市场竞争外生性观点，萨思特和本奈特（Siast and Bennett，2005）认为产品市场竞争的加剧将导致公司绩效波动和企业风险提高。企业为在激烈的产品市场竞争环境中获取竞争优势不得不放宽商业信用，降低产品价格，压缩盈利空间，进而对企业的现金流产生不利影响，加大企业的运营风险（姜付秀等，2008）。市场竞争越激烈会使在国有企业所有权性质不变的前提下，提高企业的绩效水平（Megginson and Netter，2001），更多关注企业的经济效益，减少社会或者政治目标承担，降低风险规避，提高企业的风险承担水平，减少放弃高风险但预期净现值为正的投资机会，追求企业价值最大化。市场竞争越为激烈，国有企业垄断优势越小，有效降低政府对其控股的国有企业的"父爱主义"，增强国有企业通过承担风险性项目来获取竞争优势的动力，提高企业的价值。近 40 年的数据表明企业的异质性风险远远高于市场系统性风险，而企业异质性的高风险源于市场竞争越激烈（Irvine and Pontiff，2009）。因此，激烈的市场竞争使企业面临较高的风险，企业风险承担水平越高，企业生存可能性越高。基于产业组织理论的"结构——绩效"的基本分析范式，吴昊昊（2012）建立"竞争结构—风险预期—回报波动"的分析范式发现市场竞争加剧时会导致上市公司风险提高。伴随中国市场经济改革的深化，市场竞争的理念逐渐深入，国有企业将会面临更为激烈的市场竞争环境，现有的文献表明激烈的市场竞争环境往往会导致企业面临较高的风险，因此，可以推论当企业面临较高的风险时，若要在激烈的市场竞争环境中获得理想的绩效水平必然要求企业有较高的风险承担水平。

2.4.5 产权性质、市场竞争、风险承担与企业绩效

综上所述，现有文献表明企业所有权性质与企业绩效存在相关关系（见图 2 - 2），同时发现企业所有权性质与企业风险存在相关性；市场竞争可以降低信息不确定性，企业受到破产清算的风险加大，管理层为确保工作及个体信誉，能够降低代理成本、提高工作努力程度、提高企业的绩效，另外一方面从产业组织"结构—绩效"分析范式，发现市场竞争结构与企业风险相关，市

场竞争越激烈企业面临的不确定性风险越高；前文对风险与绩效亦有所论述，风险与收益是矛盾的统一体，高收益伴随着高风险。产权性质影响企业绩效，企业产权性质也影响到企业的风险，风险与收益有矛盾统一性，产权性质、企业绩效、企业风险究竟存在什么样的关系？影响的路径是什么？市场竞争影响到企业绩效，与此同时市场竞争也影响企业的风险，市场竞争、企业风险承担、企业绩效存在怎样的关系？产权性质、市场竞争、企业风险承担影响企业绩效的路径是什么？本书尝试将风险承担纳入"产权性质—风险承担—企业绩效"和"市场竞争—风险承担—企业绩效"的逻辑框架内，进一步拓展企业绩效研究。

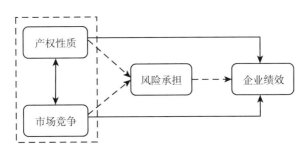

图 2 - 2 产权性质、市场竞争、风险承担与企业绩效

注：实线为现有文献已经进行研究，虚线为尚未探讨。

2.5 股权结构与企业风险承担

2.5.1 股权结构与企业绩效

股权结构是股份公司总股本中不同产权性质的股份所占比例及相互关系。股权结构包含两个方面内容，其一是股权的产权属性，是质的体现；其二是股权结构数量问题，体现为股权集中与股权制衡。股权结构是公司内部治理机制基础，股权结构产权性质及其数量构成影响控制权的行为方式进而影响到企业的治理效果（马连福，2000；施东晖，2000；杜莹，刘立国，2002；徐向艺，王俊韡，2005）。股权结构是产权性质的载体，是产权实际控制人在公司治理中发挥作用的具体工具和手段，股权结构数量变化实质体现控制人实现其意图和目的的具体操作方式，"皮之不存毛将焉附"是产权与股权结构关系的写照，股权结构只不过是实现控制权的一种方式和手段。企业产权性质决定企业所有权价值判断，企业所有权结构是股权结构基础，股权结构是企业实际控制人实现企业控制权的具体途径和手段，终极控制人利用股权结构实现企业价值增加的意图。

股权集中度是否有利于提高企业绩效或者企业价值的研究硕果累累，但研究并未取得一致性的结论。本节是产权性质与企业绩效继续，从股权结构数量构成角度进一步细化了企业所有权结构与企业绩效研究。最早的文献研究提出股权结构内生性问题（Demsetz，1983），并利用美国511家企业数据实证研究发现股权集中度与企业经营会计指标（ROE）无关，股权集中度无法解释企业的绩效问题（Demsetz and Lehn，1985；Demsetz and Villalonga，2001）。国内学者发现在市场竞争环境越激烈情况下，股权结构与企业绩效无相关关系（朱武祥和宋勇，2001），实际研究结论支持外部市场竞争机制可以弥补内部治理不足，改善信息不对称；还有研究发现以第一大股东为代表的股权集中对企业价值影响正相关，且第一股东产权性质不同而导致股权集中也对企业价值产生影响（徐晓东和陈小悦，2003），这使得国内股权结构实证研究更加关注股东的产权性质；股权结构对企业的绩效影响并非是简单的线性关系，第一大股东持股比例与公司价值是非线性关系，且二者是呈"U"形（白重恩等，2005）。面对股权集中对绩效影响研究结论不一致性，部分学者从造成差异的原因着手进行分析，认为国内学者在股权集中与企业绩效或企业价值关系研究上存在分歧，主要是由于大股东产权性质分类的不同以及企业绩效指标选择的差异性所造成的。徐莉萍等人借鉴其他学者方法区分股权产权性质，在企业绩效衡量方面采用综合指标，发现股权集中度与企业绩效正相关（徐莉萍等，2006）。股权集中度与企业绩效无关论的观点是代理成本下自然选择假说，认为股权集中选择是在考虑企业未来价值的基础上自然形成的均衡状态，因此股权结构与企业绩效无关。股权集中度与企业绩效相关论的前提则是股权集中的形成是外生性变量，通过股权结构改善提升企业的绩效或者企业价值。

与企业股权结构集中相对立的是企业股权结构的制衡，股权集中与股权制衡是同一问题的两个方面。股权制衡对企业绩效或者企业价值影响的学术研究始于20世纪90年代。股权制衡结构使得大股东之间的互相约束和监督能有效限制其损害中小股东的行为，如侵占行为，从而使得中小股东利益得到保护，提高企业价值（Shleifer and Vishny，1986；LaPorta et al.，1999；Maury and

Pajuste，2005；Gomes and Novaes，2006）。国内学者对于股权制衡的研究结论主要是股权制衡可以提高企业绩效（黄渝祥等，2003；陈信元和汪辉，2004），但也有学者研究发现股权分散可能降低决策效率、增加企业管理成本，导致股权制衡与企业绩效负相关（赵景文和于增彪，2005）。对于股权制衡对企业绩效影响研究存在分歧的原因可能是没有考虑股东的产权性质，国有产权性质股东会导致股权制衡对企业绩效的负相关（徐莉萍等，2006；涂国前和刘峰，2010）。受到法律环境和企业内外治理环境约束的影响，还有研究发现股权制衡与企业价值呈非线性关系（秦志华和徐斌，2011）。无论是股权集中还是股权制衡，其最终目的均是提高企业的绩效，增加企业价值。现有股权集中与股权制衡对于国有企业绩效的影响文献表明，多数学者认为控制性股东的产权性质是影响企业绩效的关键因素，也即是不同产权性质的控股股东行为会对企业绩效产生影响。

关于股权集中度和股权制衡与企业绩效（或企业价值）间关系研究结论尚存分歧。现有文献在研究股权集中与股权制衡效果时，既要考虑到市场环境与企业产权性质、股权结构的内生性问题，也要充分考虑到变量指标的选取问题。但已有的文献在研究股权结构与企业绩效关系中多为变量两两之间的关系，可能会忽略变量之间存在未发现的中间变量影响股权结构与企业绩效的关系，风险承担变量便是其中一个重要因素。

2.5.2　股权结构与风险承担

在理想的市场中，为实现企业所有者价值最大化和股东财富最大化，选择所有预期净现值（NPV）为大于零的项目进行投资是企业理性决策。企业在追逐利润最大化或高收益过程中伴随高风险，风险与收益形影相随客观上要求获取高收益必然要承担高风险，风险承担反映企业对 NPV 大于零的风险项目的承受能力，而非规避放弃高风险但预期净现值大于零的投资项目。企业的股权结构（股权集中、股权制衡）是剩余控制权和剩余索取权的具体表现形式，对企业绩效或者企业的价值的影响并非是直接的，而是受到企业的风险承担水平影响。因此，股权集中与股权制衡两种股权结构对企业风险承担水平影响不同，进而会对企业绩效产生不同结果。

当控股股东在公司持有股份占绝对优势时，股权过度集中，考虑到自己财富在公司过度集中，公司的风险承担越高会给控股股东带来更大损失的可能性越高，使得控股股东偏好保守投资策略以确保他们的利益不受到影响（Fama and Jensen，1986），企业伴随着较低的风险承担水平（Mishra，2011），这导致公司可能放弃提升未来价值风险性经营项目（John et al.，2008；Paligorova，2010）。随着大股东持股比例提高，意识到因其短视行为而造成的代理成本最终由其自身承担，引起大股东关注企业长期价值创造的动力越强烈（Shleifer and Vishny，1986），通过承担风险性较高而净现值为正项目，可以追求企业长远发展。股权制衡是多个股东共享企业的控制权，通过内部博弈和牵制，使得单个股东控制企业的可能性降低，当企业存在多个大股东时，股东之间关系存在共谋和制衡两种选择。面对高风险项目时与控股股东的合谋可以分享未来高额收益，当控股股东表现为因私利风险规避拒绝风险高净现值为正的项目时，非控股股东联合对控股股东产生制衡，避免控股股东因风险承担降低对小股东利益损害，因此当多个股东存在时提高企业风险承担水平是最优策略选择（刘鑫等，2014）。若没有其他大股东对控股股东约束的公司（股权制衡较低），企业风险承担水平较低，公司的投资策略更加保守，而多个大股东并存的企业，股权制衡较高，风险承担水平较高，且对企业绩效影响显著（Faccio et al.，2011）。在选择股权结构时，企业面临着两难决策，股权集中与股权制衡是一个问题的两个方面。较高股权的集中度有利于大股东的监督活动，但是股权集中又将导致企业风险承担的不足，也即影响最优股权选择的因素是大股东的监督以及风险分担的权衡（Admati et al.，1994），股权制衡机制可以提高风险承担水平，提高企业的绩效。

股权集中与股权制衡是一种两难选择，股权集中有利于降低代理成本（Pagano and Roell，1998）。较高股权集中度可以增强对管理层的监督激励，有效降低管理层的惰性，敦促其勤勉工作，减少管理成本，解决搭便车问题（Grossman and Hart，1980；Shleifer and Vishny，1997）。股权制衡即是指控制权由几个大股东分享，通过内部牵制，使得任何一个大股东都无法单独控制企业的决策，达到大股东互相监督的股权安排模式。因此，股权制衡可以有效避免大股东侵占小股东利益，有利于企业绩效整体提高，但股权制衡机制降低大股东监督积极性，导致大股东之间代理成本增加。股权制衡度较低的股权结构中，大股东对经理人员的监督几乎不受任何股东的干预，因此监督比较有效，代理成本也较低；随着股权制衡度的逐渐提高，其他大股东逐渐开始对大股东行为进行干预，为协调大股东之间的矛盾与冲突必须付出代价，在股东能力一定的前提下，他们在经理人员监督方面投入的时间和精力就会相对减少，导致代理成本提高（宋力和韩亮亮，2005；李明辉，2009）。股权制衡虽然引起代理成本的上升，但同时也会增加一些收益，这些收益增加会弥补代理成本上升而导致公司绩效的下降（Demsetz and Villalonga，2001），甚至超过代理成本的负面影响，提高绩效，同时股权制衡机制可以提高风险承担水平（Admati et al.，1994），提高企业绩效或者价值。

2.5.3　股权结构、风险承担与企业绩效

企业绩效是收益的表现形式，企业的绩效本身是不确定变量，具有一定的风险性质。决定企业绩效的各个因素（企业的行为及管理层行为）是事前变量，企业绩效是一种事后变量，企业绩效与影响企业绩效因素存在因果性关系，影响因素在前，影响结果在后，反映企业绩效作为收益的表现形式必然具有风险特性。企业绩效是一种收益，而收益与风险正相关，现有文献在研究股权结构与企业绩效问题中，并未考虑企业绩效的风险特性，企业绩效与企业风险承担水平正相关（Coles，2006；Low，2009），企业的绩效越高意味企业需要有较高的风险承担水平。风险承担与收益是匹配的，因此，企业绩效的风险特性最终需要有明确的主体承担，不同的风险承担主体将影响企业的治理效率。若影响获取企业收益主体同时也是企业风险承担主体时，风险与收益是匹配的，风险承担与风险制造是相宜的，体现在股权结构方面剩余索取权与剩余控制权是对应的。股权结构承载企业两个方面的信息，其一是企业控制权，其二是产权性质，其中控制权是形式产权性质的本质。股权结构是以企业所有权为基础实现企业控制的手段，现代公司制企业的发展使得企业的所有权与经营权逐渐分离，有效的股权结构是企业所有者实现企业控制的具体手段，是剩余控制权与剩余索取权的匹配，这种匹配是建立在风险承担与风险制造一致的基础之上，获取收益同时承担风险。

毫无疑问以往的文献直接研究股权结构与企业绩效的影响逻辑出发点是正确的，并取得丰硕的成果，但是结论的多样性和不一致性使得我们产生一些思考？公司绩效是企业管理层基于决策权力对企业投入要素进行配置的结果，剩余控制权和剩余索取权是股权结构的基础，管理层决策权力来源，即管理层决策权力的行使受到股权结构的影响，股权结构是剩余控制权和剩余索取权的表现形式，剩余控制权和剩余索取权要求风险承担和风险制造对应，不同的股权结构自然影响风险承担，不同的股权结构对管理层的决策行为产生不同的结

果，因此会产生不同的治理效率和企业绩效。基于文献梳理发现股权结构不仅影响企业的绩效，同样影响企业风险承担水平，企业绩效本身是收益，较高收益需要获取收益主体具有较高的风险承担水平，不同产权性质主体行使企业控制权的能力和动机不一致，股权结构如何影响企业绩效？风险承担在股权结构与企业绩效之间充当什么样的角色？本书试图将风险承担因素纳入股权结构与企业绩效的逻辑框架内丰富并深化这一领域（见图2-3），同时将在第4章利用中国上市公司数据进行验证。

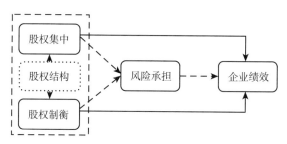

图2-3 股权结构、风险承担与企业绩效

注：实线为现有文献已经进行研究，虚线为尚未探讨。

2.6 管理层激励与企业风险承担

公司绩效是企业管理层基于决策权力对投入企业生产要素有目的配置的结果，股权结构是实现剩余控制权和剩余索取权的基础，是管理层决策权力的来源，不同的股权结构对管理层的决策行为产生不同的结果，因此会产生不同的治理效率和企业绩效。如果股权结构是实现企业控制的工具和手段，管理层则是运用工具和手段实现企业所有者意图的执行人，相比较股权结构、产权性质等客观性较强的研究对象，管理层的主观意识更为强烈，管理层行为不仅影响到企业的绩效，同样影响到企业的风险承担，三者之间关系使得我们有必要将风险承担的讨论进行进一步深化。

2.6.1 管理层激励与企业绩效

如果股权结构是企业实际控制人实现目的和意图的工具与手段，管理层则是企业实际控制人实现其目的和意图的具体操作人，相比较一般的员工，其职位以及职权的特殊性使得这一群体对于现代企业治理更为重要。20 世纪 90 年代开始，管理层激励研究激增（Murphy，1999），2002 年安然、世通丑闻以及 2008 年爆发的金融危机后，学术界和实务界认为管理层激励的扭曲是会计丑闻和金融危机的诱因，实践中如何设计合理管理层激励机制面临重大挑战。理论研究者对管理层激励效应进行大量经验验证，却迟迟没有一致性结论。已有文献研究表明管理层激励问题研究思路有两种，一种是建立在经验总结和科学归纳基础的管理学激励理论；一种是以理性人假设为基础，通过逻辑推理和数理模型的经济学激励理论。

1. 管理学激励理论

管理学激励理论主要包括：（1）研究人的心理需求为出发点，对激励诱因与激励影响因素为主的多因素激励理论，其代表理论有：梅奥的"社会人"理论（1933），马斯洛（1954）的需要层次理论，赫兹伯格（1957）的"激励—保健"双因素论，麦克利兰（1961）成就需要理论，奥尔德弗（1972）的 ERG 理论；（2）从激励的目的为出发点的"挫折论"、"操作型条件反射论"和"归因论"，以及着重研究人的动机形成和行为目标的选择的期望效价理论（1964）和公平理论（1963）的过程激励理论。20 世纪六七十年代的激励理论关注的对象主要是企业的员工，到 80 年代开始由于代理问题重要性凸显激励的对象变为企业的管理层，将企业管理层激励与战略管理及企业文化背景相关联。斯托涅（Stonich，1980）认为企业的激励不仅要关注企业短期的成功，更应注重长期的利益以及企业战略目标的达成。拉贾戈帕兰和芬克尔斯坦（Rajagopalan and Finkelstein，1992）研究发现采取防守战略的企业对其管理层激励更注重长期效益，采取谨慎性战略企业对其管理层激励一般采取短期激励方式。博伊德和萨拉明（Boyd and Salamin，2001）研究发现不同成长阶段，企业战略取向不同，对企业管理层采取的激励方式存在差异性。詹森和格里诺（Jansen and Glinow，1985）认为企业的文化背景与企业的激励系统是相互补充而起作用，当企业的文化背景发生变化，其管理层激励方式应改变。进入 20 世纪 90 年代受全球化影响，激励系统的设计进入跨文化背景的环境，文化背景在激励研究中是更为重要的变量。

2. 经济学激励理论

经济学的激励理论研究始于 20 世纪 30 年代，源于现代企业所有权与控制权的分离而导致管理层的目标函数与所有者的目标函数不一致（Berle and Means，1932）及信息不完备性（Jensen and Murphy，1990），基于个体利益的管理层偏离所有者的利益，为避免所有者利益受损需设计激励机制来控制或者引导管理层。进入 20 世纪 70 年代，契约理论、代理成本理论以及信息经济学的发展，经济学激励研究取得突破性进展，出现团队生产理论、代理成本理论，企业所有权理论以及标准委托代理理论。20 世纪 80 年代动态博弈论被引入委托代理理论研究中，多次重复代理情况下，声誉、市场竞争、职务晋升等隐性激励方式同样发挥作用（Kreps and Wilson，1982；Fama，1980；Holmstrom，1999；Lazear and Rosen，1981）。进入 21 世纪，行为经济学在解释激励机制方面也初露峥嵘。传统货币激励效果有时出现事与愿违，导致更差的绩效？研究表明相比较物质激励代理人更关注自尊，强烈的货币激励有可能传递出委托人不信任的信号，结果导致代理人更差的经营绩效（Ellingsen and Johannesson，2008）。

无论从契约理论、代理成本理论还是标准——委托代理理论、信息经济学、动态博弈论以及行为经济学，管理层激励研究多为理论争鸣。基于前期的理论研究为基础大量的实证研究始于自 20 世纪 90 年代，验证管理层激励理论与企业绩效或者企业价值关系。

（1）货币薪酬。吴育辉和吴世农（2010）研究认为管理层的货币薪酬与企业绩效无关，是因为管理层货币薪酬隐含管理层自利行为而非激励，且这种自利行为伴随管理层控制权提升而增强，增加代理成本。张俊瑞等（2003）、杜兴强和王丽华（2007）、何枫和陈荣（2008）利用中国数据发现货币薪酬与企业经营业绩之间存在显著的正相关关系。

（2）管理层持股。西方学者认为管理层持股与企业绩效存在非线性相关，会导致两种不同的结果，管理层持股能够达到理想激励效果（Jensen and Meckling，1976；Palia and Lichtenberg，1999），但当持股比例达到某个点后会出现壕沟效应（Fama and Jensen，1983；Stulz，1988）。管理层持股与企业绩效无关的研究较少，德姆塞茨和莱恩（Demsetz and Lehn，1985）认为所有权结构是内生变量与企业绩效无关，间接表达管理层持股与绩效无关。国内学者唐清泉等（2008），胡阳等（2006），刘斌等（2003），董艳和李凤（2011）认为管理层持股与绩效正相关；顾斌和周立烨（2007），李增泉（2000）则认为不相关。

（3）在职消费和职务晋升。在关注货币薪酬和管理层持股等显性激励同

时，一些学者开始关注以在职消费、职务晋升等隐性自我激励。陈冬华等
（2005）研究认为在职消费内生于国企薪酬管制约束，是管理层激励替代性选
择。卢锐等（2008），周仁俊等（2011）对在职消费与企业经营业绩的关系结
论基本与阿尔钦和德姆塞茨（Alchian and Demsetz，1972）一致，认为在职消
费具有负面效应，会降低企业的经营业绩。拉齐尔和罗森（Lazear and Rosen，
1981）、吉本斯和墨菲（Gibbons and Murphy，1992）、凯尼和威廉姆斯（Kini
and Williams，2012）、杨瑞龙等（2013）验证晋升机制作为薪酬激励的替代能
够激励管理层，莫布斯和拉赫佳（Mobbs and Raheja，2008）、卡莱等（Kale et
al.，2009）、陈震和张明（2006）、廖理等（2009）、缪毅和胡亦凡（2014）
进行实证研究，发现企业的经营风险与企业晋升激励正相关；同时，廖理等
（2009）、徐细雄（2012），缪毅和胡亦凡（2014）的研究表明产权的性质影响
到晋升激励强度。

货币薪酬的激励更关注短期，但激励效果能够立竿见影；管理层持股的激
励效果有利于企业长期发展（沈红波等，2012），但受到时间以及不确定新因
素影响而降低；盲目在职消费导致的自我激励影响会抵销其对企业绩效带来的
正面影响，同时在职消费受到市场化进程的影响（陈冬华等，2010），职务晋
升特别是在国有企业中政治晋升是比显性激励更为有效的治理工具（陈冬华，
2011；徐细雄，2012；杨瑞龙等，2013）。不同的激励方式产生的激励效果可
能产生同向影响，但也可能产生互斥作用，使得激励效果不理想。

3. 管理层激励研究进一步拓展

面对管理层激励结果的多样性甚至出现截然相反的结论，研究者认为实证
研究直接检验管理层激励与企业绩效或者企业价值关系，可能忽略激励效应的
传导机制，管理层激励和企业绩效（价值）之间是否存在其他影响因素？这
引起部分学者的注意，将这一领域研究进一步拓展。

管理层激励与企业投资。部分学者认为管理层激励首先对企业投资行为产
生影响，进而影响企业价值或者绩效。达塔等（Datta et al.，2001），丹尼斯
等（Denis et al.，1997），帕琳娜和任博格（Pawlina and Renneboog，2005）认
为管理层激励有利于抑制过度投资，而赫内弗和苏哈（Hirshleifer and Suh，
1992）、拉格帕和谢夫林（Rajgopal and Shevlin，2002）、阿加沃尔和萨姆维克
（Aggarwal and Samwick，2006）则发现管理层激励加剧过度投资。辛清泉等
（2007）利用中国数据实证发现，现有国有企业薪酬激励制度下，不合理的管

理层货币薪酬激励将会引发企业投资过度。詹雷和王瑶瑶（2013）研究管理层激励和过度投资以及企业价值三者关系，发现不当激励会导致过度投资进而损害企业价值。王克敏和王志超（2007）、卢锐等（2008）、吴育辉和吴世农（2010）以及权小锋等（2010）从管理层权力角度开展了管理层薪酬激励的研究。别布克等（Bebehuk et al.，2003）认为这是权力寻租所带来的代理成本增加，吕长江和赵宇恒（2008）、方军雄（2011）、傅颀和汪祥耀（2013）研究发现管理者权力强弱影响管理层激励与企业绩效之间的敏感性，影响管理层激励有效性。张丽平和杨兴全（2012）研究同样发现管理者权力在一定程度影响管理层激励对过度投资的抑制作用，且受到产权性质影响，进而影响到企业的绩效，丰富管理层激励研究的逻辑链条。

　　管理层激励与制度环境。制度环境的不同是导致激励差异性的重要影响因素，从企业外部环境为切入点研究管理层激励与企业绩效的关系。辛清泉和谭伟强（2009）研究发现市场化进程增加管理层薪酬与企业绩效敏感性，傅颀和汪祥耀（2013）认为市场化力量对薪酬结构产生影响，当薪酬管制弱化时国有企业更偏好市场化的货币薪酬，激励效果更好。廖理等（2009）在研究晋升激励与企业绩效中加入经营风险因素，发现经营风险越高晋升激励与企业绩效敏感度越强，且这种关系强弱在不同产权性质企业也有所不同。周仁俊等（2010）基于产权性质不同对管理层货币薪酬、管理层持股以及在职消费进行比较，发现在非国有控股上市公司，管理层货币薪酬、管理层持股与企业绩效正相关更为显著，在职消费与企业绩效负相关在国有企业更为显著；沈洪波等（2012）运用制度经济学的基本原理，实证检验外部制度环境（股权分置改革、国有控股、市场竞争）对管理层持股激励效率的影响，研究发现制度环境是管理层持股激励发挥作用的重要前提，为提高激励效果必须关注企业制度环境的改善；缪毅和胡亦明（2014）从产权性质角度研究薪酬差距的激励作用，发现不同产权性质下薪酬差距激励效果存在差异性，同时只有存在晋升激励时薪酬差距的激励效果较好。

4. 管理层激励研究述评

　　始于20世纪初管理学激励理论，经历了由单一的金钱刺激到满足多种需要、由激励条件泛化到激励因素明晰、由激励基础研究到激励过程探索，由注重员工到关注管理层，由单纯的激励到企业战略目标的结合，由注重企业内部环境到企业文化制度，由短期静态到企业成长动态的历史演变过程。管理层激励理论研究中经济学激励由于其研究思维方式倾向实证，且有数学模型的加入，将研究的问题量化，其在研究中明显是以假设（Hypothesis）开始，以精确的数量结果结束，研究成果较多。基于管理学的管理层激励文献，是现实的科学归纳，由特殊情况到一般，需要精准的观察和科学的表达及归纳，因此其少有数量模型介入，一般以命题（Proposition）开始，以规范性的结论结束，往往这些理论均是领域大家，其权威是公认的，原创性文献研究产量较少。

从文献的发展历史看，20 世纪 50 ~ 70 年代管理学的激励理论占据主流位置，到从文献研究时间看，自 20 世纪 80 年代开始经济学思路研究管理激励开始占据主流，进入到 21 世纪后二者又出现交替。管理层激励实证研究经历三个阶段。第一阶段是管理层激励与企业绩效直接关系研究。这一阶段的研究往往直接研究激励方式与企业绩效（或者企业价值）二者之间的数量关系，其研究思路见图 2 - 4，研究结论呈现多样化，对于管理层激励效应无定论。

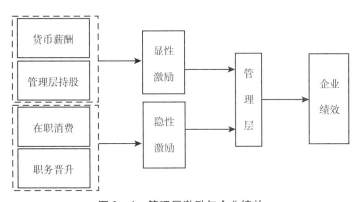

图 2 - 4　管理层激励与企业绩效

第二阶段为各种不同的激励方式对管理层激励效应的比较及对绩效（价值）的影响，可以概括为显性激励与显性激励，显性激励与隐性激励，隐性激励与隐性激励的比较，寻找最优的激励方式，是否是因激励方式不同而导致管理层激励对企业绩效（价值）的影响。

到了第三阶段，学者在前人研究的启示下以及新研究工具和研究方法的引入变为现实，加入新的中间变量研究管理层激励与企业绩效（价值）关系（见图 2 - 5），使得研究的问题更加具体和贴近现实，研究的结论能够找到共性，以及完善管理层激励的逻辑和链条。

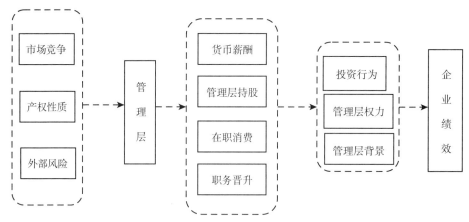

图 2-5 加入中间变量的管理层激励与企业绩效

从近几十年的文献研究中我们可以发现清晰的研究范式的演进：从"管理层激励—企业绩效"，到"管理层激励—中间变量（投资行为、管理层权力、管理层背景等）—企业绩效"，再到"企业外部环境（市场竞争、外部风险、产权性质）—管理层激励—企业绩效"；从"单一管理层激励方式—企业绩效"，到"不同管理层激励方式的组合—企业绩效"；从"显性激励方式—企业绩效"，到"隐性激励方式—企业绩效"；从显性激励与显现激励方式比较，到显性激励与隐性激励方式比较，再到隐形激励与隐性激励方式比较，管理层激励研究的维度从单一维度向多维度发展，从点向面到立体演进，从静态向动态的深化，并且融入中国背景制度，丰富管理层激励理论研究在中国的应用，使得管理层激励研究的逻辑链条在不断地完善和推进。

管理层激励研究的载体是企业，所有管理层激励问题的探讨是在企业的框架下展开的，企业的本质追求利润或者价值最大化无疑是管理层激励的硬性约束条件，管理层激励的终极目标是企业的绩效（企业价值）。企业演变为现代公司制企业时，由于所有权与经营权分离使得管理层激励重要性凸显，通过对管理层激励促使管理层基于股东利益视角出发决策，避免或消除短视行为，注重企业远期价值，实现与企业共享利润、共担风险。通过对管理层研究文献梳理发现现有的管理层激励研究中并未考虑到管理层激励和企业绩效发生的时间非同步性，因此管理层激励目的达成的过程中存在大量的不确定性。无论是经济学角度还是管理学角度研究管理层激励问题，管理层激励理论研究落实到现实中，必须关注管理层"人的经济属性"，关注管理层的需求，同时也要关注"人的社会属性"，管理层所处企业的产权性质还决定其社会属性，特别是在具体到我国国有企业管理层激励研究过程中，涉及价值观的判断和选择。已有文献表明影响风险承担的途径与对风险和利益的感知相关（Coombs，1975；Weber et al.，2002）。因此，受到身份属性约束的管理层在不确定性条件下决策必然考虑到因其决策而产生的收益以及由此带来的风险承担问题，管理层要承担因其决策的风险，现有文献表明收益本身与风险密切相关，当收益达成时必然伴随着风险，获取收益同时必然承担风险，风险与收益是一对矛盾统一体。因此，在研究管理层激励与企业绩效过程中必要加入风险承担因素，使得管理层激励框架更为完善，管理层激励路径更为清晰。

2.6.2　管理层激励与风险承担

与古典企业不同，现代企业最为突出的特点是所有权与经营权分离，这种分离使得风险和收益这对矛盾统一体的分配成为企业治理的关键，当所有权与经营权统一时，收益的获取者和风险承担者是统一的，当所有权与经营权分离时，收益的获取者和风险的承担者不再像古典企业那样简单，谁获取收益？谁将承担风险？这是现代企业治理的难点，企业的所有者和企业的管理层的风险态度的不同必然导致风险相关的代理问题（Simith and Stulz，1985；Guay，1999）。由于企业管理层的人力资本不可分性质以及财富过度集中在企业内部使得管理层在面对 NPV 为正并且风险较高的项目往往表现出规避的态度（Jensen and Meckling，1976；Milgrom and Roberts，2000；Parrino et al.，2005）。现代企业中，对"两权分离"更为深刻的理解是出资人与管理层（并非职业经理人，职业经理人的职能并没有太多的不确定性存在）之间职能的分解，古典企业的企业家既是出资人同时也是企业管理层还是最终收益和风险的承担者，因此风险承担和收益问题是统一的。现代企业出现后古典企业中"企业家"的职能出现分解，一部分由管理层承担，另外一部分由企业所有权人承担，随之而来的就是风险和收益的承担与归属问题，这是现代公司治理的难点和根源。

1. 管理层风险承担影响因素

企业的决策主体是管理层，管理层是企业所有者实现其对企业控制的具体的执行人，因其决策本质是面向未来，具有高度的不确定性，会导致决策结果带有高度的不确定性，因此带有风险性质，风险与行为的结果密切相关，往往被定义为结果的波动性（Libby and fishburn，1977），结果波动性越高，被预测困难度越高，风险越高。影响风险的因素有三大类：（1）决策者的个体特点。（2）组织的特点。（3）问题本身的特点。决策者个体特点研究风险主要是从风险偏好、风险感知和冒险的倾向展开研究，麦克里蒙和韦龙（Maccrimmon and Wehrung，1990）认为冒险倾向是管理层是否愿意承担风险。科根和瓦拉赫（Kogan and Wallach，1964），麦克利兰（McClell，1961）研究认为个体外在的价值取向影响个体的风险偏好，同时还有研究惯性习惯同样会影响到个体的风险承担行为，个体对于处理风险行为时会表现出行为的稳定性和惯性（Kogan and Wallach，1964；Rowe，1977；Slovic，1972）。管理层经验较为丰富，对待同样或者类似问题出现时，表现较为自信，因此风险承担水平较高（March and Shapira，1987），斯托尔和罗斯（Staw and Ross，1987）提出承诺升级模型同样认为个体的经历越丰富，风险承担水平越强。卡尼曼和特维斯基（Kaheman and Tversky，1979）前景理论认为过去的成功会使得管理层在未来的行为趋近于保守，风险承担水平下降。

马琦和沙皮拉（March and Shapira，1987）研究发现当决策者处于有利情形时，更为关注未来发展的机会，倾向于更多的风险承担水平，奥斯本和杰克森（Osborn and Jackson，1988）的研究验证了马琦和沙皮拉的研究结论，泰勒和强森（Thaler and Johnson，1990）认为如果之前的较高风险承担行为导致成功，其在未来的行为中风险承担水平提高，当之前的行为风险规避或者风险承担水平较低时获得成功，在未来的行为中风险承担水平依然会较低。斯托尔等（Staw et al.，1981）的威胁僵化假说则认为当决策者受到不利状况时，其决策往往表现为保守，贾尼斯和曼（Janis and Mann，1977）同样发现这种情况。泰勒和强森（Thaler and Johnson，1990）研究发现盈利情况较好的企业管理层，受到成功的鼓励，风险承担水平较高。

管理层的决策偏好不仅受到个体特质的影响，同时受到其组织的特质影响（Davis - Blake and Pfeffer，1989；Salancik and Pfeffer，1978）。组织的特点包括组织的构成，组织的风险价值观，管理层的风险取向和组织的控制系统。加科夫斯基等（Jacofsky et al.，1988），麦克里蒙和韦龙（Maccrimmon and Wehrung，1986），纳特（Nutt，1986），施恩（Schein，1985）等研究文献认为企业的管理层对企业的决策行为是规避风险行为还是偏好于风险行为起到重要的作用。另外，管理层或者个体在组织中的职位同样会影响其风险承担水平，企业管理层风险承担的意愿要高于官员风险承担意愿（Brockhaus，1980）。

2. 激励方式与管理层风险承担

20 世纪 60～70 年代管理层风险承担研究主要以理论研究为主，多数以命题的形式提出理论观点，少有实证检验，多为研究管理层风险承担的影响因素。进入 20 世纪 70 年代初随着期权定价模型的诞生，公司治理研究逐渐兴起，学者意识到企业两权分离导致企业收益和风险承担的分离，企业管理层为降低自身未被分散的人力资本风险，出于职业生涯和在职消费等自身利益的考虑而放弃那些风险较高但净现值为正的投资项目，管理层表现出高于股东的风险规避（Jensen and Meckling，1976；Fama，1980；Kroll et al.，1993），管理层比股东的风险承担水平更低，即风险规避损害了公司价值，产生管理层不愿承担风险所带来的代理问题（Eisenhardt，1989；Guay，1999；李小荣和张瑞君，2014）。因此，公司治理任务之一便是构建约束激励制度，激励代理人承担合理风险，使代理人与委托人的利益相一致（Wiseman and Gomez—Mejia，1998）。信息不对称使得股东难以评价管理层行为的风险性以及由此给企业带来的影响。因此，基于股东利益设计合理的机制确保管理层选择风险适度的投资项目十分必要（Jensen and Meckling，1976；Fama and Jensen，1983）。公司的董事会被期望制定有效激励制度，以鼓励管理层合理承担风险（Beatty and Zajac，1994；Mason et al.，2003），减少信息不对称和风险偏好不同等产生的管理层的机会主义行为（Boyd et al.，2011），为协调股东和管理层利益一致性，薪酬激励计划是一种常用的机制设计（Barber et al.，1996；Core et al.，2003），管理层的激励方式使得风险在委托人与代理人之间进行再次分配，进而影响管理层风险承担水平的高低，然而实证研究表明并非所有的薪酬计划均能达到有效协调二者之间风险偏好的差异性。期权定价模型为实现这一目的提供理论基础，股票期权是股票价格波动的函数。期权定价理论表明期权价值是股票收益波动的增函数，期权是基于未来的定价方式，因此股票期权的持有者为最大化期权价值，一般会采取风险性高的投资项目，能够降低管理层风险规避，提高其风险承担水平。股权激励对管理层风险承担产生两种影响：一种是管理层收益和风险承担非对称，即管理层无须为投资风险承担任何责任，却可以享受投资所带来的收益；另一种是管理层股票期权收益与企业投资项目风险正相关，项目风险越高，收益越高，则管理层个人获得的收益越大，也即股票期权支付具有凸性（Jensen and Meckling，1976；Haugen and Senbet，1981；Smith and Stulz，1985；Lambert，1986；Hemmer et al.，1999）。管理层激励能否提高其风险承担水平，学者进行了大量的实证研究。拉格帕和谢夫林（Rajgopal and Shevlin，2002）以石油和天然气行业数据为样本研究发现管理层持有股权与企业风险承担正相关。阿格拉沃尔和曼德尔克（Agrawal and Mandelker，1987）以兼并企业为样本，研究发现企业管理层持股和期权可以提高股票收益波动以及资产负债率，企业的风险承担水平增强，缓解因风险偏好差异而产生的代理问题。理查德等（Richard et al.，1991）明确提到股权激励有风险承担效应，其研究结果发现股权激励计划能够提高管理层的风险承担水平。加伊（Guay，1997）、图法诺（Tufano，1998）的研究结论也表明期权激励可以提高风险承担水平。科尔斯等（Coles et al.，2006）研究发现管理层财富与企业的收益敏感性（vega）越高，企业实施期权导致企业风险承担水平越强，表现为 R&D 投资加强、负债率提高以及集中化生产经营。拉格帕（Rajgopal et al.，2004）研究表明管理层持有期权与其风险承担行为密切相关，但是与管理层财富的敏感度不明显，而引致风险承担行为的期权是否能够影响企业绩效提高并不能获得一致性结论。居等（Ju et al.，2002）通过分析期权在管理层薪酬结构中的作用发现，看涨期权是否能够引起管理层风险承担水平提高，取决于管理层风险规避程度以及项目本身的风险性。卢埃林（Lewellen，2006）研究发现管理层实施价内期权可能会导致管理层风险承担水平下降。帕里诺等（Parrino et al.，2005）研究发现期权相比较限制性股票更能激发管理层的风险承担水平，价外期权比价内期权更能够激发管理层风险承担水平。科恩等（Cohen et al.，2000）研究表明管理层期权不仅能够提高企业风险承担水平，而且有利于提升企业价值，科恩等的结论向前推进了管理层激励与风险承担研究，关注点落脚在企业价值。

同时学者还发现研究管理层持有股票与管理层持有期权对风险承担影响结果不同。管理层持股使得管理层财富与股票价格相关，呈线性关系，因此管理层为确保自己财富不受到损失往往选择风险较低的项目，风险承担水平较低（Lefebvre and Vieider，2010）。威斯曼和戈麦斯 - 梅希亚（Wiseman and Gomez - Mejia，1998）研究发现当现金薪酬占总薪酬的比例较低时，管理层的财富变化较小，趋于稳定状态，管理层倾向维持企业绩效现状，承担风险意愿较低；当采取股权激励时，管理层财富取决于企业未来价值的增加大小，因此管理层持股会激励管理层提高风险承担水平（Larraza - Kintana et al.，2007）。行为决策论认为在不确定的环境下，企业管理层决策权力越集中，企业风险承担水平越高，企业管理层决策权力越分散，企业风险承担水平越低。怀特等（Wright et al.，2006）研究发现管理层持股与企业风险承担水平存在非线性关系，货币薪酬占薪酬比重越大风险承担水平越低。约翰（John et al.，2008）认为通过对管理层实施有效约束可以降低因风险规避而导致的个人谋利现象，有利于管理层承担能够给企业带来收益而增加的风险。程等（Cheng et al.，2010）以金融机构为研究样本发现改进管理层的报酬能够提高管理层风险承担水平。

赫内弗和撒克（Hirshleifer and Thakor，1992）通过建立经理人声誉模型与项目投资选择模型验证经理人在项目选择中的谨慎性，经理人有足够的动力去避免高风险的项目，而选择稳健的项目投资以保证自己的声誉，间接提高自己的收益。另外，经理人面临的约束是解雇风险。当解雇风险较高时，经理人在项目选择过程中倾向稳健。当解雇风险提高 10%，企业股票收益波动率下降 5% ~23%，即管理层的风险承担水平与其职业生涯风险负相关（Chakraborty et al.，2007）。当管理层认为解雇风险的重要性高于薪酬激励的重要性，管理层风险承担水平越低；当管理层认为解雇风险的重要性低于薪酬激励的重要性，管理层风险承担水平越高（Kempf et al.，2009）。相比较两权未分离的企业，两权分离企业管理层更偏好企业多元化，同样表明管理层比股东风险规避程度更高（Amihud and Lev，1981）。

虽然在代理理论框架中，基于风险规避假设，拥有权力的管理层在制定管理决策时往往会考虑其自身利益问题，因此会出现有利于企业股东收益但因风险较高有损于管理层的项目被否决。但是基于权利趋近和抵制理论认为代理理论中关于管理层是风险规避或者风险中性的假设可能与实践不符，管理层有可能并非是风险规避者（Wiseman and Gomez‑Mejia，1998；Sanders and Hambrick，2007）。里伟伦和穆勒‑卡勒（Lewellyn and Muller‑Kahle，2012）基于心理学权利趋近和抵制理论角度以次级抵押贷款行业为样本，发现管理层权力与额外的风险承担存在正相关关系。

2.6.3　管理层激励、风险承担与企业绩效

本书 2.6.1 全面回顾了管理层激励与企业绩效的关系，通过对文献的整理发现管理层激励与企业绩效研究尚处于百家争鸣的阶段，现有的文献更多地直接研究管理层激励与企业绩效或者企业价值之间的关系，学者认为传统的激励方式与企业绩效的相关性较低（Jensen and Murphy，1990），因此一些研究认为解决这一问题的关键在于给予管理层激励，而激励的隐含前提是管理层与企

业所有者的风险偏好存在差异，管理层风险规避倾向更高，改变管理层风险偏好，提高风险承担水平，有利于企业价值提升（Hall and Liebman，1998）。因此，源于企业所有权与经营权分离，出资人与代理人风险偏好差异而导致代理人的风险规避问题是现代公司治理的重要组成部分，管理层可能会做出损害企业价值的决策，因此管理层需要进行激励使得与出资人保持利益一致。本书2.6.2 小节对管理层激励与风险承担文献进行归纳总结，这一领域研究绝大多数源自国外学者，国内学者较少，绝大多数国外学者发现管理层激励与风险承担存在相关关系，还有学者将不同的激励方式对风险承担的影响进行比较，如股票期权与管理层持股，还有学者研究发现管理层激励不仅能够提高风险承担水平同时有利于企业长期发展，有益于企业价值提升。

管理层激励与企业绩效存在相关性，管理层激励与风险承担存在相关关系，而风险与收益正相关，承担收益的同时意味着承担风险，因此会产生这样的疑问：管理层风险承担是否是管理层激励与企业绩效的中间变量？文献研究发现管理层激励与企业绩效之间的关系较弱或者不存在一致性（Barkema and Gomez - Mejia，1998；Kroll et al.，1997）。图克和桑德斯（Tuschke and Sanders，2003），怀特等（Wright et al.，1996）则认为之所以造成研究结论的差异性主要是没有认识激励结构的事前性。风险承担是企业管理层选择性行为导致结果不确定性的承担。管理层决策之前会意识到决策结果可能高于预期也可能低于预期，当管理层认为他们能够从高于预期的结果中获得收益时，管理层会提高风险承担水平或者加剧企业绩效的波动。当管理层认为降低风险对其有利时，其风险承担水平下降。

当前管理层激励与企业绩效的研究出现瓶颈，管理层激励与企业绩效的研究并未取得一致性的结论，甚至出现相反的结果，通过对管理层激励与风险承担的文献梳理，发现管理层激励与企业绩效或者企业价值之间可能存在其他因素影响二者之间的关系，管理层激励通过何种路径来影响公司价值或企业绩效的研究并不多见。张瑞君等（2013）利用中国的数据验证发现在现有的经济环境中货币薪酬能够增加风险承担，且这种关系受到企业性质和企业的成长阶段调节，最终影响到企业的绩效。高和桑德萨那姆（Gao and Sudarsanam，2005）的研究表明薪酬结构和公司治理结构不能改变管理层的风险偏好。

股权结构是企业所有者实现其对企业控制的手段和工具，企业管理层则是企业所有者为达到具体控制企业各项政策的执行者。面对现有管理层与企业绩效的研究文献，本书认为管理层虽为企业所有者各项政策的具体执行者，同时企业的管理层受到个体经济属性和社会属性的约束，在执行政策时会考虑个体的收益和风险承担问题，而管理层激励则是解决企业所有者与企业管理层因风险承担分歧而对企业绩效产生差异的有效手段，因此本书第 5 章将通过实证检验风险承担如何影响管理层激励和企业绩效关系，使得本书最初关于风险承担在国有企业治理与绩效的研究中逻辑更加完善（见图 2 − 6）。

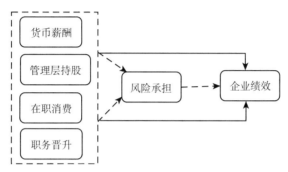

图 2 − 6 管理层激励、风险承担与企业绩效

注：实线为现有文献已经进行研究，虚线为尚未探讨。

第 3 章

产权还是市场拯救企业绩效

——基于风险承担视角的验证

3.1 问题的提出

3.1.1 企业绩效研究的产权观与市场竞争观争辩

企业绩效是企业核心,特别是在现代公司制企业中,企业绩效问题事关多方的利益,是学术界研究的"常青树",学术研究的归宿,同时企业绩效问题也是企业管理实务界追寻和探索的永恒话题,对于政府而言,作为市场主体的企业绩效影响到整体经济发展,以及整个社会资源利用效率的高低,无论从微观角度还是宏观角度,企业的绩效重要性不言而喻。相比一般企业,国有企业因其在国民经济地位及其事关国家经济安全的特点,其绩效更为引人注目,一直是国内政界、商界、学术界的话题和关注的焦点。"国有企业是国民经济发展的中坚力量。国有企业改革既要符合国情又要尊重市场规律,减少盲目,完善企业治理结构,提高竞争力和抗风险能力,使得国有企业在激烈的市场竞争中游刃有余,推动国有企业不断提高效益和效率。"[①]

企业所有权性质对企业绩效影响之争从未停止过。"国进民退"和"国退民进"两种国企改革方向在不同国家出现,甚至在同一国家不同时期两种改革

---

① 习近平 2015 年 7 月 17 日在中国中车长春轨道客车股份有限公司讲话,援引自新华社: http://news.xinhuanet.com/politics/2015-07/17/c_1115963001.htm.

的形式交替出现，企业所有权性质差异影响国有企业绩效和民营企业绩效吗？完善市场竞争机制，改善企业外部环境，能够提高企业绩效吗？实务界历经实践，学术界研究可谓汗牛充栋，但结论仍存争议，学术界仍然孜孜不倦的研究企业产权性质、市场竞争对企业效率的影响，特别是我国国有企业改革一直处于摸索前进的过程中，企业产权性质和市场竞争机制对企业绩效影响路径研究异常重要。企业绩效的产权决定理论来源有三种：剩余占有理论，资产拥有理论，私有化理论。有学者认为国有企业民营化后企业的监督激励机制发生转化，还有部分学者认为民营企业与国有企业相比较产权归属清晰，代理成本较低，有利于企业绩效提高。但是这三种理论都忽视了市场竞争的作用，没有很好地解释产权与企业绩效之间的关系，超产权理论是基于前三种理论基础，在研究企业绩效时加入市场竞争为前提条件。澳大利亚经济学教授惕腾贝恩（Tittenbrun，1996）统计了 85 篇产权与企业绩效的学术文献，研究结论发现：市场结构是影响企业绩效的重要因素，即绩效与市场竞争程度有关，在竞争程度较高的市场环境中，民营化企业有利于企业绩效的提高，但是若企业所处的行业为垄断性质，企业绩效与市场竞争程度关系并不明显。在探讨企业所有权性质及市场结构与企业绩效的同时，股权结构与企业绩效同样也受到关注。国内学者对股权结构与企业绩效进行广泛深入的研究，主要结论见表 3 - 1。

表 3 - 1　　　　　　　　　　　股权结构与企业绩效研究现状

	相关			不相关
	正相关	负相关	非线性相关	
股权集中	徐晓东和陈小悦（2003）徐莉萍等（2006）	张良等（2010）	白重恩等（2005）杜莹和刘立国（2002）	朱武祥和宋勇（2001）
股权制衡	黄渝祥等（2000）陈信元和汪辉（2004）	徐莉萍等（2006）涂国前和刘峰（2010）	颜爱民和马箭（2013）	佟岩等（2010）

管理激励与企业绩效关系研究的关注点转移到管理者个体，源于现代企业所有权与控制权的分离而导致管理层的目标函数与所有者的目标函数不一致及信息不完备性，基于个体利益的管理层偏离所有者的利益，为避免所有者利益受损需设计激励机制来控制或者引导管理层努力提高企业绩效。管理层激励研究主要从激励的工具研究出发，包括货币薪酬激励、管理层持股激励、在职消费和职务晋升激励，对于不同的激励工具对企业绩效的影响，研究结论存在较

大差异性，见表 3 – 2。

表 3 – 2 管理层激励与企业绩效研究现状

	相关			不相关
	正相关	负相关	非线性相关	
货币薪酬	何枫和陈荣（2008）			吴育辉和吴世农（2010） 谌新民和刘善敏（2003）
股权激励	唐清泉等（2008） 董艳和李凤（2011）		法玛和詹森（Fama and Jensen, 1983）史图斯（Stulz, 1988）	顾斌和周立烨（2007） 李增泉（2000）
在职消费		周仁俊等（2011） 卢锐等（2008）		
职务晋升	缪毅和胡亦凡（2014）			

综上所述，企业绩效的研究主要集中以下三个方向：（1）企业产权性质与企业绩效的关系研究；（2）企业内部治理（股权结构、管理层激励、管理层特征等）与企业绩效的关系研究；（3）企业的外部环境（市场化进程，市场竞争程度及法律制度和文化等）与企业绩效研究。

3.1.2 企业收益的风险特质

现代公司金融理论的重要发现：企业收益是企业风险补偿，收益与风险是矛盾的统一体，高风险高收益。在 EMH 和马克维茨的资产组合理论基础上，夏普（Sharpe, 1964）、利特纳（Litner, 1965）、莫森（Mossin, 1966）提出 CAPM 模型，其结论之一是风险和收益是正相关的。莫迪格利安尼和米勒（1955）的 MM 理论也证明当企业负债率越高时，企业价值越高，该理论从债权人角度说明高风险高收益。风险与收益正相关已经成为共识。企业绩效是收益的一种表现形式，收益伴随着风险，绩效作为企业的收益表现形式蕴含一定的风险因素。当企业所有者获取较高的收益时，企业所有者需要承担较高的风险，高风险高收益，同时意味着高收益高风险承担水平。高收益的承担主体，同样需要承担较高风险水平。

获取收益的主体同时承担风险，但现有研究并未考虑风险承担因素，产权性质是否影响企业风险承担，风险承担如何影响企业绩效？市场结构是否影响企业风险承担，风险承担与企业绩效关系如何？风险承担因素在产权性质与企业绩效间起到什么样的作用？风险承担在市场竞争与企业绩效间的角色是什么？本章基于前人研究的基础上，以风险承担为新的视角，采用实证研究方法，检验国有企业和民营企业风险承担水平是否存在差异性以及市场竞争对企业风险承担水平的影响。本章从企业风险承担视角研究所有权性质、市场竞争对我国国有企业绩效影响，丰富国有企业绩效研究领域。

研究发现企业所有权性质对企业风险承担水平存在实质性影响，国有企业的风险承担水平显著低于民营企业风险承担水平，市场竞争越激烈企业的风险承担水平越高，国有企业可以通过改善外部市场环境，完善市场竞争机制，提高企业风险承担水平，倒逼国有企业提高经营效率，提高企业绩效水平。本章实证发现企业风险承担水平能够改善企业的绩效，提高企业的价值。本章在一定程度从风险承担的视角辨析了国企改革之争的两种主流观点即产权观（张维迎，1995）和市场竞争观（林毅夫，1997）。

3.2 理论分析与研究假设

3.2.1 企业风险承担研究现状

2008 年金融危机爆发后理论界和实务界逐渐意识到企业风险问题的重要性，风险承担研究逐渐受到关注（Cohen et al.，2013）。高风险高收益是普遍现象，因此，企业在追求价值最大化或高收益的同时伴随高风险，风险承担反映企业对 NPV 大于零的风险项目的承受能力，而非规避放弃高风险但预期净现值大于零的投资项目（余明桂等，2013）。管理层性别差异同样影响企业风险承担，女性管理者风险承担水平明显低于男性管理者（Dwyer et al.，2002），管理者过度自信影响其风险承担水平（Li Jiatao and Tang Yi，2010），但过度自信并非总是消极的，管理层自信能够提高企业风险承担水平（余明桂等，2013）；加强董事会的独立性能够改善公司治理机制有利于提高企业的风险承担水平（解维敏和唐清泉，2013）。管理层的个人资本不可分性及个人声誉与公司紧密联系在一起，他们的投资分散度低且承担着公司业绩差或破产这一较高的风险，因此，管理层更喜欢低风险（Kempf et al.，2009），规避预期净现值大于零但是风险较高的决策，体现其风险承担水平较低。为改善管理层风险偏好，实务界采取各种激励工具提高管理层风险承担水平，研究发现管理层股权激励与企业风险承担存在非线性关系（Coles，2006），货币薪酬激励能提高企业风险承担水平并提高企业的绩效，但是货币薪酬对风险承担的影响受到企业性质的影响，在民营企业表现更为明显（张瑞君等，2013），锦标赛式的激励方式能提高管理层风险承担水平（Kini and Williams，2012）。股权结构对风险承担影响表现为股权结构多元化有利于企业风险承担水平的提高（Faccio et al.，2011；Mishra，2011；Bauguess et al.，2012），同样改变股权性质也能够改善企业的风险承担水平，国有企业民营化后风险承担水平提高（余明桂等，2013；Boubakri et al.，2013）。另外，企业的外部制度环境同样影响企业的风险承担水平。法律制度是否完善及对股东和债权人的保护会影响企业风险承担水平（Acharya et al.，2011），产权保护制度越好的地区，更有利于风险承担水平的提高，以及改善企业的治理效率（余明桂等，2013）；市场化进程越快的地区中小规模的国有企业和非国有企业风险承担水平差异越显著（李文贵等，2012）；2002 年美国颁布萨班斯奥利斯法案（SOX）后上市公司风险承担水平明显下降（Bargeron et al.，2010），表明政府监管制度同样影响企业风险承担。现有风险承担研究文献视角从企业内部的管理层特征、董事会特征到企业的股权结构多元化，同时也关注企业的外部环境法律制度、市场化进程、监管制度等影响因素，为深入研究风险承担问题提供良好的基础和思路，以及广泛的证据。

虽有文献研究国有企业转化为民营企业过程中企业风险承担水平变化及对企业绩效的影响（Boubakri et al.，2013；余明桂等，2013），但鲜有文献比较国有企业和民营企业风险承担是否存在差异？这种差异是否影响二者绩效的差异？鉴于市场竞争对企业风险承担的影响，不同所有权性质的企业的风险承担水平是否可以通过市场竞争机制缓解？

本章基于前人研究企业绩效的路径，即直接研究企业绩效与影响因素之间的关系，拓展企业所有权性质与企业绩效关系研究，寻找二者之间的中间变量，引入风险承担因素，探讨不同所有权性质企业风险承担水平是否存在差异性，风险承担是否有利于企业绩效或提高企业价值？同时验证改善市场竞争环境是否可以改善因所有权性质不同而导致企业风险承担差异对企业绩效的影响。

3.2.2　企业产权性质对风险承担影响

企业绩效是收益的表现形式，企业绩效本身具有一定的风险性质。决定企业绩效的各个因素（企业的行为及管理层行为）是事前变量，企业绩效是一种事后变量，企业绩效与影响企业绩效因素存在因果性关系，影响因素在前，影响结果在后，反映企业绩效作为收益的表现形式必然具有风险特性。因此，企业绩效的风险特性最终需要有明确的主体承担，不同的风险承担主体影响企业的治理效率，若影响企业绩效各个因素同时也是企业风险承担主体时，风险承担与收益是匹配的，剩余索取权与剩余控制权是对应的；但现代公司制企业的发展使得企业的所有权与控制权逐渐分离，不仅是委托人与代理人之间存在代理成本，企业的内部同样存在代理成本，这种代理成本实际是表现行为主体与行为主体的行为所导致的收益分配是否一致，也即是行为主体是否是风险承担主体，是否能够获取与其承担风险相匹配的收益，当二者存在差异会影响行为主体的行为进而影响企业的绩效。与民营企业相比较，国有企业委托代理链条更长，其风险承担主体与剩余索取偏离远远大于民营企业。企业所有权界定不同会产生不同的约束—激励机制。国有企业产权主体存在虚置问题，代理链条过长，会出现监督机制和动力缺失，因此，国有资产保值增值的过程中会出现他人分享收益或者替代他人承担风险的问题，而民营企业产权归属清晰，经营资产的收益及其伴随收益产生的风险有明确的所有者承担。

企业绩效的风险特性最终需要有明确的风险和收益承担主体。当获取收益的主体同时是企业风险承担主体时，风险承担与收益是匹配的，剩余所有权与剩余控制权是对应的；当获取收益主体不承担风险或者承担风险主体没有获得相应的收益时，产生"不劳而获"和"劳而不获"现象，出现道德风险和逆向选择，因此风险与收益承担主体是否匹配影响企业的治理效率。进入企业的生产要素具备清晰地产权归属是风险承担和获取收益匹配的前提条件，清晰的产权归属使得收益和风险的界定更加明确，产权的经济激励作用得以发挥。另外，现代公司制企业的发展使得企业的所有权与控制权逐渐分离，不仅是委托人与代理人之间存在代理成本，企业的内部同样存在代理成本，这种代理成本实际是表现行为主体与行为主体的行为所导致的收益分配是否一致，也即是行为主体是否是风险承担主体，是否能够获取与其承担风险相匹配的收益，当二者存在差异会影响行为主体的行为进而影响企业的绩效。国有企业代理链与民营企业相比较长而复杂，更容易出现代理成本而导致的风险承担不匹配问题（李小荣和张瑞君，2014），因此国有企业的风险承担与收益匹配程度要弱于民营企业风险承担与收益匹配程度。

我国上市公司中绝大多数为国有企业，其实际控制人为各级政府。各级政府机构委托各级国有资产管理机构（国资委）负责企业的监管，国资委通过政治途径任命企业的实际管理人员，企业的高级管理人员不仅受到上级行政管理部门的经济考核，也即是经济激励和约束，与此同时二者存在政治隶属关系，国有企业普遍存在行政级别，即政治激励和约束。两种激励对待风险的态度是不同的，企业管理层的行政化导致企业内部缺乏真正的风险承担主体，而有效的公司治理结构的重要假设前提是拥有剩余索取权的所有者是企业风险承担者，这样有利于提高企业效率（杨瑞龙，2014）。

国有企业股份制改革过程中，政府仍然是大股东，政府及其代理人在经营国有资产时，不仅要考虑经济目标，也需要考虑战略目标、国家经济安全、社会责任、充分就业等目标（Shleifer and Vishny，1994）。其目标呈现多元化趋势，追求利润最大化为首要目标的动机弱于民营企业。

另外，稳定在经济发展的重要性不言而喻，稳定的基调使得具有政治属性国有企业管理层从其自身利益考虑，获得职务的晋升激励，使得他们有足够动力确保个体收益不受到损失，更多地采取保守型经营，会选择规避风险性较高的预期净现值大于零项目，降低风险承担。

国有企业不仅具有经济职能，也同时承担一定社会功能，政策性负担严重（Lin et al.，1998）。相比而言国有企业受到较多的管制，为在政治选举中获得支持，政治家通过对国有企业经营干预以达到其政治目标（Paligorova，2010；Mishra，2011）。因此，国有企业在投资决策中偏好稳健的策略，选择低风险的投资项目，这导致国有企业的风险承担水平较低，过高的风险承担水平不利于国有企业实现政治家的政治目标和社会稳定职能（余明桂等，2013）。另外，国有企业的管理层是政府通过行政任命或者国有股东任命的方式决定，其薪酬受到行政级别制约，经济激励作用受到制约，而良好的激励机制可以激励管理层选择更多有价值的风险性投资机会（Coles et al.，2006；Low，2009；刘鑫等，2014）。国有企业的管理层不仅受到经济约束，同时也面临着很强的政治晋升激励约束。其身份属性是官员，官员风险承担意愿较低（Brockhaus，1980）。为满足上级政府官员的考核目标，实现国有资产保值增值，国有企业的管理者出于个体利益考虑规避风险意愿更强烈，风险承担水平更低，对于高风险预期净现值为正投资项目往往表现出保守的倾向。国有企业的管理者身份属性是官员，其薪酬受到普遍的行政级别管制，经济激励难以发挥良好的作用，而良好激励机制可以激励管理层选择更多有价值的风险性投资机会（Kini and Williams，2012；Coles et al.，2006；Low，2009）。因此，提出假设：

H1：国有企业的风险承担水平低于民营企业风险承担水平。

3.2.3　市场竞争对企业风险承担影响

国有企业在激烈的市场竞争环境中能够改善企业的经营效率（Megginson et al.，2001），更多关注企业的经济效益，降低风险规避，提高企业的风险承担水平，减少放弃高风险但预期净现值为正的投资机会，追求企业价值最大化。2010 年中央企业实现的利润占全部国有企业利润总额的 68%，国有企业的利润主要由处于垄断地位的垄断企业实现（天则经济研究所课题组，2011）。市场竞争越激烈，国有企业垄断优势越小，有效降低政府对其控股的国有企业的"父爱主义"，增强国有企业通过承担风险性项目来获取竞争优势的动力，提高企业的价值。近 40 年的数据表明企业的异质性风险远远高于市场系统性风险，而企业异质性的高风险源于市场竞争越激烈（Irvine and Pontiff，2009）。因此，激烈的市场竞争使企业面临较高的风险，使得企业有较高的风险承担水平，企业风险承担水平越高，企业生存可能性越高。因此，提出假设：

H2：市场竞争程度越激烈企业风险承担水平越强。

3.2.4　企业风险承担与企业绩效

企业绩效是收益的表现形式，而收益伴随着风险已成为共识，高风险高收益。同时现代公司金融理论研究的重要结论既是高收益也是高风险的补偿，获取高收益的主体必然要承担较高的风险。现有文献研究表明企业风险承担水平提高从微观角度可以改善企业的绩效（John et al.，2008），从宏观角度可以促进经济发展（Fogel et al.，2008）。因此，我们可以推断企业风险承担水平是影响国有企业和民营企业绩效影响因素之一，改善国有企业的风险承担水平，避免国有企业因风险水平而规避净现值为正的投资项目，能够改善企业的绩效。基于以上分析，提出假设：

H3：企业收益与企业风险承担正相关。

3.3 研 究 设 计

3.3.1 样本选取与数据来源

本章首先选取 2003~2015 年上海证券交易所 A 股上市公司季度数据为初始样本。本章对所选择的样本进行如下处理：（1）剔除金融类企业。（2）剔除掉样本期间企业所有权性质（民营变为国有，或者国有变为民营）发生变化的样本。（3）剔除外资企业及终极控制人不明确的企业。（4）考虑到数量研究的前提要求，基于企业经营的可持续下问题才可能表现出具有规律性特质，剔除 2003~2015 年存在 ST 以及经营异常的企业，以确保样本在区间前 3 年和后 3 年的稳定性，最终样本企业区间确定 2006~2012 年 488 家上市公司，13664 个季度观测值。（5）本章数据来源于 CSMAR 数据库及 Wind 数据库，并且对数据进行了 1% 和 99% 分位 Winsorize 缩尾处理。

3.3.2 变量定义和说明

（1）企业风险承担。$RiskT_{it}$ 表示企业的风险承担水平，i 表示企业个体，t 表示时间。标准差是风险的传统衡量标准，高风险承担意味企业未来收益现金流不确定性增加，根据已有文献，我们主要采用企业盈利的波动性来衡量（余明桂等，2013；Faccio et al.，2011；Boubakri et al.，2013；Acharya et al.，2011），即 ROA_i 的波动。ROA 为企业 i 相应年度的息税前利润（EBIT）与当期期末资产总额的比率。考虑到企业 ROA 的行业差异性因素影响，我们先将企业每一期的 ROA_i 减去该期企业所在行业的 ROA 均值，然后计算每一个企业经行业调整的 ROA 的标准差，代表企业的风险承担水平。具体计算如下：

$$RiskT_{it} = \sqrt{\frac{1}{t-1} \sum_{t=1}^{t} \left(ADJ\_ROA_{it} - \frac{1}{t} \sum_{t=1}^{t} ADJ\_ROA_{it} \right)^2} \mid t = 12$$

$$ADJ\_ROA_{it} = \frac{EBIT_{it}}{Assets_{it}} - \frac{1}{X_t} \sum_{k=1}^{x} \frac{EBIT_{Kt}}{Assets_{kt}}$$

其中 X_t 代表 t 期企业所在行业的企业总数量。

（2）企业所有权性质（State_{it}）。State_{it}表示企业的所有权性质，我们根据企业最终控制人的性质来确定。如果企业的最终控制人为各级政府及国有机构，则将样本企业定义为国有企业，State 取值 1，否则为 0。

（3）市场竞争程度。采用赫芬达尔—赫希曼指数（Herfindahl – Hirschman Index，HHI 指数）进行度量，计算方法为：

$$\text{HHI}_{jt} = \sum_{i=1}^{n_j} \left(\frac{\text{sales}_{ijt}}{\text{sales}_{jt}} \right)^2$$

其中，sales 代表产品销售量，i 表示公司，j 表示行业，t 表示时间。该值越大，表示行业竞争程度越低，反之竞争程度越高。

（4）控制变量。在已有的文献（余明桂等，2013；Coles et al.，2006；张瑞君等，2013；Faccio et al.，2011；Mishra，2011；Boubakri et al.，2013；Acharya et al.，2011）基础上，考虑以下因素对于企业风险承担的影响，还设置其他控制标量。定义企业年龄为 Fage，成立年龄 +1 取自然对数；企业规模定义为 Size，为企业当期资产取对数；定义 Lev 为企业负债率，用总负债除以总资产衡量。定义 SGR 为企业销售收入增长率，衡量企业的成长性；考虑到董事长和总经理两职兼任情况会影响董事会的独立性，董事长或者总经理几乎对企业完全控制，为谋求个人私利或采取保守的经营策略（Demsetz，1983）或者追求高风险投资项目，形成壕堑效应（Entrenchment effect）（King and Wen，2011；Giroud and Mueller，2010）。因此董事长和总经理两职兼任情况影响企业风险承担水平，定义 Dual 衡量董事长和总经理两职兼任情况，当董事长和总经理两职合一时，Dual = 1，否则为 0；定义赫芬达尔指数为 HHI，衡量市场竞争程度；定义行业变量（Ind_dum）和时间变量（Qt_dum）在回归过程中进行控制。

3.3.3　模型建立

$$\begin{aligned}
\text{ROA}_{it}(\text{TQ}_{it}) = & \beta_0 + \beta_1 \text{RiskT}_{it} + \beta_2 \text{Lev}_{it} + \beta_3 \text{Size}_{it} + \beta_4 \text{Fage}_{it} + \beta_5 \text{SGR}_{it} \\
& + \beta_6 \text{Dual}_{it} + \text{Qt\_dum} + \text{Ind\_dum} + \zeta_{it}
\end{aligned} \tag{1}$$

$$\begin{aligned}
\text{RiskT}_{it} = & \beta_0 + \beta_1 \text{State}_{it} + \beta_2 \text{Size}_{it} + \beta_3 \text{Fage}_{it} + \beta_4 \text{Lev}_{it} + \beta_5 \text{SGR}_{it} + \beta_6 \text{Dual}_{it} \\
& + \text{Qt\_dum} + \text{Ind\_dum} + \zeta_{it}
\end{aligned} \tag{2}$$

$$\begin{aligned}
\text{RiskT}_{it} = & \beta_0 + \beta_1 \text{HHI}_{it} + \beta_2 \text{Size}_{it} + \beta_3 \text{Fage}_{it} + \beta_4 \text{Lev}_{it} + \beta_5 \text{SGR}_{it} + \beta_6 \text{Dual}_{it} \\
& + \text{Qt\_dum} + \text{Ind\_dum} + \zeta_{it}
\end{aligned} \tag{3}$$

$$RiskT_{it} = \beta_0 + \beta_1 State_{it} + \beta_2 HHI_{it} + \beta_3 Size_{it} + \beta_4 Fage_{it} + \beta_5 Lev_{it} + \beta_6 SGR_{it}$$
$$+ \beta_7 Dual_{it} + Qt\_dum + Ind\_dum + \zeta_{it} \qquad (4)$$

$$RiskT_{it} = \beta_0 + \beta_1 State_{it} + \beta_2 HHI_{it} + \beta_3 State_{it} * HHI_{it} + \beta_4 Size_{it} + \beta_5 Fage_{it}$$
$$+ \beta_6 Lev_{it} + \beta_7 SGR_{it} + \beta_8 Dual_{it} + Qt\_dum + Ind\_dum + \zeta_{it} \qquad (5)$$

$$ROA_{it}(TQ_{it}) = \beta_0 + \beta_1 State_{it} + \beta_2 HHI_{it} + \beta_3 Lev_{it} + \beta_4 Size_{it} + \beta_5 Fage_{it} + \beta_6 SGR_{it}$$
$$+ \beta_7 Dual_{it} + Qt\_dum + Ind\_dum + \zeta_{it} \qquad (6)$$

3.4　实证检验结果与分析

3.4.1　描述性统计

表 3 - 3 提供主要变量的描述性统计指标。样本数据表明企业风险承担（RiskT）的均值为 0.036，中位数为 0.023，最大值和最小值分别为 0.207 和 0.003。1997~2007 年主要国家企业风险承担水平均值为 0.048，中位数为 0.037，表明我国企业的风险承担水平与其他国家企业风险承担水平存在差异。另外，上市公司 R&D 支出比例是企业风险承担水平重要指标（Bargeron，2010），根据 2011~2013 年《全国科技经费投入统计公报》的规模以上工业企业 R&D 投入强度分别为 0.56%、0.66%、0.689%，远低于发达国家 2% 的投入强度，表明我国企业的风险承担水平总体偏低。市场竞争力指数（HHI）四位分位数为 0.048，中位数为 0.075，均值为 0.109，最大值为 0.777，最小值为 0.020。

表 3 - 3　　　　　　　　　变量描述性统计（季度）

变量	分位数	中位数	均值	标准差	最小值	最大值
ROA	0.014	0.032	0.043	0.043	- 0.030	0.218
RiskT	0.013	0.023	0.036	0.037	0.003	0.207
State	1.000	1.000	0.764	0.424	0.000	1.000
HHI	0.048	0.075	0.109	0.112	0.020	0.777
Lev	0.388	0.519	0.510	0.176	0.093	0.852

变量	分位数	中位数	均值	标准差	最小值	最大值
Size	2.823	3.483	3.680	1.182	1.586	7.314
Fage	3.488	3.725	3.689	0.302	2.918	4.301
SGR	-0.004	0.139	0.186	0.366	-0.576	1.905
Dual	0.000	1.000	0.000	0.263	0.000	1.000

表 3-4 列示了主要变量相关系数。企业所有权性质（State）与企业风险承担（RiskT）负相关，表明国有企业的风险承担水平低于民营企业风险承担水平，初步验证假设 H1，产权性质对企业风险承担水平存在显著影响。市场竞争力程度指数（HHI）与企业风险承担水平（RiskT）负相关，表明市场竞争越激烈（HHI 指数越低），企业风险承担水平越高，初步验证假设 H2，激烈的市场竞争能够改善企业风险承担水平。企业负债率越高，企业风险承担水平越低，企业规模与企业风险承担水平负相关。表 3-4 表明国有企业的规模及负债率均高于民营企业，国有企业市场竞争指数低于民营企业市场竞争指数。另外，根据研究的需要，从回归模型所需主要解释变量的相关系数看出，不存在明显的多重共线性。

表 3-4　　　　　　　　　　　　变量相关系数表（季度）

变量	ROA	RiskT	State	HHI	Lev	Size	Fage	SGR	Dual
ROA	1.00								
RiskT	0.099 ***	1.00							
State	-0.039 ***	-0.645 ***	1.00						
HHI	-0.032 ***	-0.037 ***	0.067 ***	1.00					
Lev	-0.174 ***	-0.196 ***	0.076 ***	0.024 ***	1.00				
Size	0.118 ***	-0.186 ***	0.150 ***	0.091 ***	0.404 **	1.00			
Fage	-0.041 ***	0.065 ***	-0.074 ***	-0.102 ***	0.070 ***	0.147 ***	1.000		
SGR	0.237 ***	-0.011 *	0.003	0.004	0.088 ***	0.086 ***	-0.113 ***	1.000	
Dual	0.04 ***	0.134 ***	-0.098 ***	-0.080 ***	-0.056 ***	-0.034 ***	0.020 **	0.037 ***	1.00

注：***、**、* 分别表示在 1%、5% 和 10% 的水平下显著。

　　为进一步检验国有企业与民营企业的风险承担水平以及国有企业和民营企业的市场竞争是否存在差异性，我们将样本按照企业的所有权性质（State）进行分组，分为民营企业和国有企业，并对两组样本企业主要变量的均值及中位数进行比较，见表 3 - 5。

表 3 - 5　　　　　　　　民营企业与国有企业主要变量比较（季度）

变量	民营企业	国有企业	均值差异	民营企业	国有企业	中位数差异
RiskT	0.081	0.022	0.059 ***	0.069	0.018	3765.660 ***
ROA	0.046	0.043	0.004 ***	0.034	0.032	12.925 ***
HHI	0.105	0.110	− 0.005 *	0.068	0.076	34.671 ***
Size	3.329	3.788	− 0.459 ***	3.250	3.564	130.064 ***
Lev	0.486	0.517	− 0.031 ***	0.496	0.529	58.676 ***
Fage	3.734	3.675	0.060 ***	3.755	3.707	40.978 ***
SGR	0.186	0.186	0.001	0.138	0.139	0.001
Dual	0.101	0.037	0.064 ***	0.000	0.001	27.354 ***

注：*** 、** 、* 分别表示在 1%、5% 和 10% 的水平下显著。

　　表 3 - 5 显示民营企业风险承担水平均值为 0.081，中位数为 0.069，国有企业风险承担水平均值为 0.022，中位数为 0.018。无论是均值检验还是中位数检验，民营企业的风险承担水平均高于国有企业的风险承担水平，支持假设 H1，与表 3 - 4 的初步验证结论一致。民营企业市场竞争力指数均值为 0.105，中位数为 0.068，国有企业的市场竞争力指数均值为 0.110，中位数为 0.076，民营企业市场竞争力指数（均值和中位数）低于国有企业市场竞争力指数（均值和中位数），表明民营企业的市场竞争力高于国有企业市场竞争力，支持假设 H2，与表 3 - 4 的初步验证结论一致。同时表 3 - 5 结论说明国有企业的负债率及企业规模高于民营企业。

　　图 3 - 1 为国有企业与民营企业 2006 年第一季度至 2012 年第四季度企业风险承担水平比较。从图中可以发现民营企业风险承担水平远高于国有企业风险承担水平，与表 3 - 5 的结论相同，初步支持假设 H1。

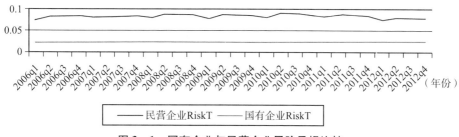

民营企业RiskT ——— 国有企业RiskT

图 3 - 1 国有企业与民营企业风险承担比较

图 3 - 2 为国有企业与民营企业市场竞争力比较。从市场竞争力整体趋势看，无论是国有企业还是民营企业 2006~2012 年市场竞争力指数呈现下降趋势，表明市场竞争越来越激烈，有效地提升了企业的市场竞争力。2006 年第一季度至 2007 年第二季度样本数据表明国有企业的市场竞争力高于民营企业市场竞争力，2007 年第三季度至 2012 年第四季度民营企业市场竞争力显著高于国有企业市场竞争力，在此期间二者市场竞争力虽然均有所提高，但民营企业的提升幅度远高于国有企业市场竞争力。从图 3 - 2 看 2007 年第三季度开始国有企业和民营企业的市场竞争力差距有明显扩大趋势。

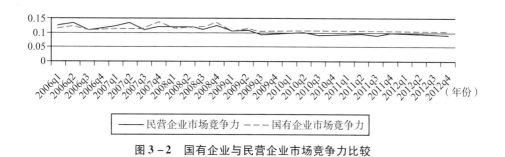

民营企业市场竞争力 ——— 国有企业市场竞争力

图 3 - 2 国有企业与民营企业市场竞争力比较

3.4.2 风险承担与企业收益

风险与收益是一对矛盾体，高风险高收益是共识，获取高收益的同时必须具有较高的风险承担水平，当企业的收益和风险承担不匹配时，企业的效率会下降。表 3 - 4 表明企业资产收益率与企业风险承担水平正相关。已有国外研究亦表明企业风险承担水平与企业绩效或企业价值正相关，国内企业风险承担与企业价值或者企业绩效是否存在相关性尚未检验，为进一步验证企业风险承担水平与企业绩效（价值）的关系，利用模型（1）进行检验。企业价值代表未来内在价值，用 Tobin Q（TQ）衡量；企业绩效是会计指标，是企业已经发生的反映经营效率的指标，我们用资产收益率（ROA）衡量企业绩效和净资产收益率（ROE）。

表 3 - 6 为模型（1）的回归结果，被解释变量分别为企业价值（TQ）、资产收益率（ROA）和净资产收益率（ROE）。从回归的结果看，企业风险承担水平与企业价值（TQ）正相关，且在 1% 水平下显著；企业风险承担水平与资产收益率（ROA）在 1% 水平下正相关，企业净资产收益率（ROE）与企业风险承担在 1% 水平下显著正相关。实证检验的结果表明企业风险承担水平越高，既有利于未来企业价值提升，同时也有利于企业绩效提高，再次验证风险和收益正相关，获取较高的收益必须具备较高风险承担水平，回归结论验证假设 H3，实证结果表明本书以风险承担为研究切入点探讨企业绩效的逻辑具有一定的合理性。

表 3 - 6 　　　　　　　　　风险承担对企业价值和企业绩效的影响（季度）

变量	TQ	ROA	ROE
RiskT	3. 2642 ***	0. 1531 ***	0. 0496 ***
Lev	− 1. 0810 ***	− 0. 0681 ***	− 0. 0298 ***
Size	− 0. 1865 ***	0. 0080 ***	0. 0028 ***
Fage	− 0. 1467 ***	− 0. 0111 ***	− 0. 0042 ***
SGR	0. 1185 ***	0. 0215 ***	0. 0088 ***
Dual	0. 0642 **	0. 0022 **	0. 0006
截距	2. 5957 ***	0. 0440 ***	0. 0254 ***
Qt_dum	控制	控制	控制
Ind_dum	控制	控制	控制
ADJ − R^2	0. 4624	0. 4328	0. 2414
F	135. 93	120. 78	50. 95
N	13649	13659	13659

注：*** 、** 、* 分别表示在 1% 、5% 和 10% 的水平下显著。

3.4.3 企业所有权性质、市场竞争对企业风险承担的影响

产权性质与企业绩效之争由来已久，现有文献研究成果较多但无定论，同

时现有研究并未考虑到企业绩效的风险承担因素。为进一步检验企业所有权性质以及市场竞争是否影响企业风险承担水平，即国有企业和民营企业在风险承担是否存在显著的差异性？企业风险承担水平是否受到企业外部环境市场竞争力影响？本章利用模型（2）（3）进行检验。同时基于模型（4）检验企业所有权性质及市场竞争力如何共同影响企业风险承担水平。

表 3－7 第二列为模型（2）的回归结果。单独检验企业产权性质对企业风险承担水平的影响。回归结果表明企业所有权性质与企业风险承担水平负相关且显著水平为 1%，这表明民营企业风险承担水平高于国有企业风险承担水平，回归结果支持假设 H1。表明国有企业的风险承担水平低于民营企业风险承担水平，产权性质是企业风险承担的影响因素；企业规模和企业负债率与企业风险承担水平显著负相关，与变量相关系数初步检验的结论一致。表 3－7 的第三列为模型（3）的回归结果。市场竞争力指数（HHI）与企业风险承担在 1% 水平显著负相关。由于市场竞争力指数越低表示市场竞争越激烈，因此企业所在行业市场竞争越激烈，越有利于企业风险承担水平的提高，与表 3－4 的结论一致，支持假设 H2。激烈的市场竞争使得企业必须提高风险承担水平以获取生存空间。模型（2）和模型（3）分别单独检验企业所有权性质和市场竞争力对企业风险承担水平的影响。为了检验回归结论的稳定性，表 3－7 第四列将企业所有权性质及市场竞争力同时列入模型，用来检验二者对企业风险承担是否与模型（2）和模型（3）结论一致。表 3－7 回归结论表明企业所有权性质与企业风险承担水平在 1% 水平下显著负相关。市场竞争力指数与企业风险承担显著水平负相关，市场竞争越激烈，越有利于提高企业风险承担水平。民营企业的风险承担水平显著高于国有企业风险承担水平。模型（2）至模型（4）的回归结果表明企业的所有权性质能够影响到企业的风险承担水平。国有企业受其所有权性质特点的影响，其风险承担水平低于民营企业风险承担水平。作为企业外部环境，市场竞争力同样对企业风险承担水平产生显著性影响，主要解释变量及控制变量符号稳定，整体显著。

表 3－7　　　　　所有权性质及市场竞争力对风险承担影响回归结果

变量	模型（2）	模型（3）	模型（4）	模型（5）
State	− 0.0573***		− 0.0573***	− 0.0621***
HHI		− 0.0353***	− 0.0141***	− 0.0617***
State × HHI				0.0617***

续表

变量	模型 (2)	模型 (3)	模型 (4)	模型 (5)
Size	- 0.0011 ***	- 0.00231 ***	- 0.0011 **	- 0.0009 ***
Fage	0.0033 ***	0.0122 ***	0.0029 ***	0.0042 ***
Lev	- 0.0142 ***	- 0.0172 ***	- 0.0137 ***	- 0.0131 ***
SGR	0.0010 *	0.0031 ***	0.0010 *	0.0012 ***
Dual	0.0063 ***	0.0131 ***	0.0064 ***	0.0056 ***
截距	0.0771 ***	0.0127 **	0.0809 ***	0.0795 ***
Qt_dum	控制	控制	控制	控制
Ind_dum	控制	控制	控制	控制
$ADJ - R^2$	0.5407	0.229	0.541	0.5452
F	185.78	45.06	183.88	184.99
N	13659	13659	13659	13659

注: *** 、** 、* 分别表示在 1%、5% 和 10% 的水平下显著。

表 3 - 7 模型 (2)、模型 (3) 以及模型 (4) 分别考察企业所有权性质、市场竞争力与企业风险承担水平的关系,研究发现国有企业的风险承担水平显著低于民营企业风险承担水平,市场竞争越激烈企业风险承担水平越高。市场竞争程度对国有企业和民营企业风险承担水平的影响是否存在显著差异?为此在模型中引入企业所有权性质与市场竞争力交叉项,建立模型 (5)。表 3 - 7 第五列为模型 (5) 回归结果。企业所有权性质与企业市场竞争力指数交互项 (State × HHI) 与企业风险承担水平在 1% 的水平下正相关,表明市场竞争力对企业风险承担水平的影响程度受到企业产权性质的影响,相比较而言国有企业的市场竞争力对风险承担的敏感度要高于民营企业的市场竞争力对风险承担的影响,也即是市场竞争程度变动 1%,国有企业风险承担水平变动的百分比高于民营企业风险承担变动百分比。回归结果显示企业所有权性质、市场竞争力、企业规模、企业负债率、企业年龄均在 1% 水平下显著,变量系数符号稳定,与模型 (2) 至模型 (4) 回归一致。模型 (5) 的回归结果表明,市场竞争程度对国有企业的风险承担水平影响敏感度远远高于市场竞争程度对民营企业的风险承担水平敏感度,由于企业所有权性质客观差异所造成的国有企业与民营企业的风险承担水平差异可以通过改善国有企业市场竞争力弥补。

模型 (1) 的回归结果表明企业风险承担与企业绩效 (企业价值) 存在正

相关。提高国有企业的市场竞争力能够改善企业的风险承担水平，进而提升国有企业的绩效，缩小国有企业与民营企业的绩效差异，可以通过改善企业外部市场竞争环境得到提升，产权变革并非唯一途径。市场竞争越为激烈，越有利于提高国有企业风险承担水平，改变国有企业依靠垄断获取竞争优势的路径依赖，提高国有企业绩效质量。本书研究结论表明通过适当提高国有企业承担风险性项目来获取竞争优势的动力，有利于提高企业的价值和绩效。

3.4.4　企业所有权性质、市场竞争与企业绩效（价值）

持有产权观的学者认为国有企业的绩效低于民营企业绩效，持有市场观的学者认为提高市场竞争激烈程度可以提高企业的绩效，基于模型（6）检验所有权性质与市场竞争对企业绩效（价值）的影响。回归结果见表 3 - 8 和表 3 - 9。

表 3 - 8　　　　　企业所有权性质对企业价值和企业绩效的影响

变量	TQ	ROA	ROE
State	- 0. 1401 ***	- 0. 0054 ***	- 0. 0017 ***
Size	- 0. 1899 ***	0. 0078 ***	0. 0027 ***
Fage	- 0. 1304 ***	- 0. 0102 ***	- 0. 0039 ***
Lev	- 1. 1283 ***	- 0. 0703 ***	- 0. 0306 ***
SGR	0. 1233 ***	0. 0217 ***	0. 0089 ***
Dual	0. 0887 ***	0. 0035 ***	0. 0011 **
截距	2. 7881 ***	0. 0515 ***	0. 0277 ***
Qt_dum	控制	控制	控制
Ind_dum	控制	控制	控制
ADJ - R^2	0. 4519	0. 4212	0. 2317
F	130. 34	115. 22	48. 35
N	13649	13659	13659

注：*** 、** 、* 分别表示在1%、5%和10%的水平下显著。

表 3 - 8 与表 3 - 9 回归结果表明国有企业与民营企业在样本期间无论是企业价值、总资产收益率还是净资产收益率均存在显著差异，国有企业收益类指标均低于民营企业，企业产权性质显著影响企业的绩效，产权性质是企业绩效

改善不可回避的重要影响因素。同时表3－9实证的结果表明企业所在市场竞争越激烈，越有利于企业价值提高，以及改善企业的绩效。

表3－9　　　　　市场竞争力对国有企业价值和企业绩效的影响

变量	TQ	ROA	ROE
State × HHI	− 0. 5632 ***	− 0. 0162 ***	− 0. 0061 ***
Size	− 0. 1889 ***	0. 0078 ***	0. 0028 ***
Fage	− 0. 1317 ***	− 0. 0099 ***	− 0. 0039 ***
Lev	− 1. 1424 ***	− 0. 0708 ***	− 0. 0307 ***
SGR	0. 1245 ***	0. 0218 ***	0. 0089 ***
Dual	0. 1022 ***	0. 0041 ***	0. 0012 ***
截距	2. 8036 ***	0. 0501 ***	0. 0277 ***
Qt_dum	控制	控制	控制
Ind_dum	控制	控制	控制
ADJ − R^2	0. 4501	0. 4195	0. 2307
F	129. 41	114. 43	48. 07
N	13649	13659	13659

注：*** 、** 、* 分别表示在1% 、5% 和10% 的水平下显著。

3.4.5　进一步讨论

通过模型（1）至模型（6）的回归，文中假设均得到验证，企业的风险承担水平与企业的绩效正相关，国有企业风险承担水平显著低于民营企业风险承担水平，市场竞争越激烈，企业的风险承担水平越高，市场竞争对国有企业风险承担水平的敏感性大于市场竞争对于民营企业的敏感性，同时利用文中样本数据再次验证国有企业绩效低于民营企业绩效，市场竞争力对国有企业绩效的敏感性大于市场竞争力对民营企业绩效的敏感性。

本章研究发现国有企业绩效显著低于民营企业绩效，国有企业的风险承担水平显著低于民营企业风险承担水平，风险承担与企业绩效正相关，可以推论改善国有企业的风险承担水平能够有效提高国有企业的绩效。同时文中实证表明市场竞争力对国有企业风险承担水平的敏感度高于市场竞争力对于民营企业的敏感度，意味着保持国有企业和民营企业的所有权性质不变的前提下，提高国有企业的市场竞争力能够较大幅度提高国有企业的风险承担水平，有效缩小国有企业和民营企业的绩效差异，提高国有企业的绩效。实证的结论表明风险承担因素是影响企业绩效的重要变量，企业风险承担不仅与企业绩效正相关，而且企业风险承担水平受到企业的产权性质和市场竞争力的影响，因此我们推断企业的产权性质、企业的市场竞争力与企业风险承担及企业绩效存在相关关系，这种相关性并非是简单的两两相关，企业风险承担是企业产权、企业市场竞争与企业绩效的中间变量。

3.5　风险承担中介效应的检验

本章实证研究发现企业产权性质影响企业风险承担水平，企业风险承担水平影响企业绩效，同样市场竞争力影响企业的风险承担水平，企业风险承担水平影响企业的绩效。前人在研究市场竞争与企业绩效，以及企业所有权与企业绩效间关系时，并未考虑到在两者之间是否存在其他变量，影响二者之间关系，因此，基于本章的研究结论，借鉴心理学的中介效应检验，对风险承担与企业所有权、市场竞争力与企业绩效关系进行实证检验。

当解释变量 X 对被解释变量 Y 的影响机理是经由变量 M 来实现的，则变量 M 是 X 与 Y 中介变量，其数学模型为：$Y = cX + e_1$；$M = aX + e_2$；$Y = c'X + bM + e_3$。若模型中 c 不显著，终止中介效应检验，若 a，b，c 显著异于 0，c' 不显著，则完全中介效应成立，若 a，b，c，c' 均显著异于 0，则中介效应显著。为检验风险承担是否为股权结构与企业绩效中介变量，构造模型（7）至模型（9）：

$$ROA_{it} = \beta_0 + C_1 State_{it} + C_2 HHI_{it} + \beta_1 Size_{it} + \beta_2 Fage_{it} + \beta_3 Lev_{it} + \beta_4 SGR_{it}$$
$$+ \beta_5 Dual_{it} + Qt\_dum + Ind\_dum + \zeta_{it} \qquad (7)$$

$$RiskT_{it} = \beta_0 + a_1 State_{it} + a_2 HHI_{it} + \beta_1 Size_{it} + \beta_2 Fage_{it} + \beta_3 Lev_{it} + \beta_4 SGR_{it}$$
$$+ \beta_5 Dual_{it} + Qt\_dum + Ind\_dum + \zeta_{it} \qquad (8)$$

$$ROA_{it} = \beta_0 + C_1' State_{it} + C_2' HHI_{it} + b_1 RiskT_{it} + \beta_1 Size_{it} + \beta_2 Fage_{it} + \beta_3 Lev_{it}$$
$$+ \beta_6 SGR_{it} + \beta_7 Dual_{it} + Qt\_dum + Ind\_dum + \zeta_{it} \qquad (9)$$

根据中介变量的检验方法，若 a_1，b_1，C_1 均显著异于 0，且 C_1' 不显著异于 0，则风险承担水平是企业产权性质与企业绩效二者的完全中介变量；若 a_2，b_1，C_2 均显著异于 0，且 C_2' 不显著异于 0，则风险承担是市场竞争与企业绩效间完全中介变量；a_1，C_1，C_1'均显著异于 0，则风险承担是企业所有权性质与企业绩效间中介变量，a_2，b_1，C_2，C_2'均显著异于 0，则风险承担水平为市场竞争与企业绩效二者中介变量。根据中介变量检验方法，对模型进入中介检验所有变量进行中心化处理后进行回归，结果见表 3 – 10。

表 3 – 10　　　　　中介效应检验 – 模型（7）、模型（8）回归结果

变量	ROA		RiskT	
	模型（7）	模型（7）	模型（8）	模型（8）
State	– 0. 1280 ***		– 1. 5336 ***	
HHI		0. 0582 ***		– 0. 0368 *
Size	0. 2169 ***	0. 2105 ***	– 0. 0203 ***	– 0. 0762 ***
Fage	– 0. 0721 ***	– 0. 0646 ***	0. 0208 ***	0. 10231 ***
Lev	– 0. 2908 ***	– 0. 2913 ***	– 0. 0657 ***	– 0. 0780 *
SGR	0. 1869 ***	0. 1879 ***	0. 0108 *	0. 0264 **
Dual	0. 0822 ***	0. 0982 ***	0. 1533 ***	0. 3569 ***
截距	– 0. 7647 ***	– 0. 9296 ***	1. 1133 ***	– 0. 0503 *
Qt_dum	控制	控制	控制	控制
Ind_dum	控制	控制	控制	控制
ADJ – R^2	0. 4212	0. 4193	0. 5407	0. 2176
F	115. 22	114. 35	185. 78	44. 66
N	13659	13659	13659	13659

注：*** 、** 、* 分别表示在 1% 、5% 和 10% 的水平下显著。

表 3 – 10 和表 3 – 11 对风险承担是否为企业所有权性质与企业绩效，以及市场竞争与企业绩效的中介变量进行实证检验。从风险承担与企业所有权性质回归结果看，State 系数在 1% 水平下显著不为零；风险承担与企业所有权性质对企业绩效的回归结果中，RiskT 系数在 1% 水平下显著不为零，State 变量在 1% 水平下显著不为零，根据中介变量检验程序，需要对 State 变量进行 Sobel 检验，结果表明风险承担为企业所有权性质与企业绩效的中介变量。从风险承担与市场竞争及企业绩效的回归结果看，HHI 的系数在 1% 水平下显著不为零，风险承担与市场竞争对企业绩效的回归结果中，RiskT 系数在 1% 水平下显著不为零，HHI 变量在 1% 水平下显著不为零，同样进行 Sobel 检验，结果

（见表 3 – 12）表明，风险承担为市场竞争与企业绩效的中介变量。

表 3 – 11　　　　　　　中介效应检验——模型（9）回归结果

变量	ROA	
	模型（9）	模型（9）
RiskT	0.1681***	0.1335***
State	0.1298***	
HHI		0.0632***
Size	0.2203***	0.2206***
Fage	−0.0756***	−0.0782***
Lev	−0.2798***	−0.2809***
SGR	0.1851***	0.1844***
Dual	0.0564**	0.0506**
截距	−0.9519***	−0.9229***
Qt_dum	控制	控制
Ind_dum	控制	控制
ADJ − R^2	0.4341	0.4332
F	120.06	119.61
N	13659	13659

注：***、**、*分别表示在 1%、5% 和 10% 的水平下显著。

表 3 – 12　　　　　　　风险承担中介效应 Sobel 检验

变量	State	HHI		State	HHI
a	−1.53365	−0.03682	Sa	0.015694	0.022726
b	0.168114	0.133478	Sb	0.009528	0.007307
a^2	2.352076	0.001356	Sa^2	0.000246	0.000516
b^2	0.028262	0.017816	Sb^2	9.08E−05	5.34E−05
Sab	0.014849	0.003045			
Z	−17.3632	−1.61379			

注：5% 水平 | Z | 临界值为 0.97。

3.6 稳健性检验

3.6.1 年度数据

文中选取样本数据为季度观测值，为检验结论的稳健性，基于模型（1）至模型（5）选取变量年度观测值对企业风险承担、企业绩效、企业所有权性质以及市场竞争关系进行验证。年度数据实证结果表明企业风险承担水平与企业绩效正相关，企业风险承担与企业价值正相关；企业所有权性质与企业风险承担水平负相关，民营企业与国有企业在风险承担水平存在显著差异；市场竞争越激烈，企业风险承担越高。

企业 R&D 投入成功的概率较低，即使成功其成果商业化也面临较高的不确定性风险，R&D 投入高度的不确定性风险的特点，经常被用作风险承担的代理变量（Coles et al.，2006；张瑞君等，2013；Boubakri et al.，2013；Bargeron et al.，2010；Palmer and Wiseman，1999；Robert et al.，1993；Li and Tang，2010）。样本年度数据表明 RiskT 和 R&D 投入比相关系数为 0.0859，显著水平为 1%。因此，本书利用企业的年度 R&D 投入比（R&D/总资产）作为风险承担的替代变量。对模型（1）至模型（5）进行回归，结果稳健，并未改变季度数据的结论。

3.6.2 中介效应稳健检验

文中采用季度数据实证发现，企业风险承担水平是企业所有权性质与企业绩效的中介变量，企业风险承担水平同时是市场竞争与企业绩效的中介变量，为进一步检验结论的稳定性，对中介效应检验模型（7）~（9）所涉及变量均取年值进行检验。企业投入研发成功概率较低，同时其商业化同样面临较高的风险，特别是在知识产权保护不完善的情况下，使得研发投入的不确定性风险加大，因此采取研发投入与资产比作为企业风险承担的替代变量，对中介效应进行检验，见表 3 – 13 至表 3 – 15。

表 3 – 13　　　　　　　　中介效应检验——企业所有权性质、
市场竞争对企业绩效回归（年值）

变量	ROA	
	模型（7）	模型（7）
State	− 0. 1360 ***	
HHI		− 0. 0503 ***
Size	0. 3042 ***	0. 2987 ***
Fage	− 0. 0564 ***	− 0. 0570 ***
Lev	− 0. 4153 ***	− 0. 4190 ***
SGR	0. 1689 ***	0. 1696 ***
Dual	0. 0991 *	0. 1126 *
截距	− 0. 2805 *	− 0. 4023 ***
Qt_dum	控制	控制
Ind_dum	控制	控制
ADJ – R^2	0. 2262	0. 2235
F	15. 94	15. 86
N	3415	3415

注：*** 、** 、* 分别表示在 1% 、5% 和 10% 的水平下显著。

表 3 – 13 第 1 列为企业所有权性质对企业绩效的回归结果，第 2 列为市场竞争力与企业绩效的回归结果，所有变量均经过中心化处理。若 State 和 HHI 的系数不显著则终止中介效应检验。表 3 – 13 表明企业所有权性质与企业绩效负相关，市场竞争程度与企业绩效负相关，二者均在 1% 水平下显著，表明受到企业所有权性质影响国有企业绩效显著低于民营企业绩效，市场竞争越激烈，企业风险承担水平越高。

表 3 – 14　　　　　　　　中介效应检验——企业所有权性质、
市场竞争力对风险承担回归（年值）

变量	RiskT		R&D	
	模型（8）	模型（8）	模型（8）	模型（8）
State	− 1. 0665 ***		− 0. 1497 ***	
HHI		0. 0441 **		− 0. 1032 ***

变量	RiskT		R&D	
	模型（8）	模型（8）	模型（8）	模型（8）
Size	− 0. 0134	− 0. 0978 ***	− 0. 0373 **	− 0. 0389 **
Fage	0. 0014	0. 0582 ***	− 0. 1459 ***	− 0. 1534 ***
Lev	− 0. 1060 ***	− 0. 1063 ***	− 0. 0690 ***	− 0. 0755 ***
SGR	0. 0134	0. 0220	− 0. 0023	− 0. 0018
Dual	0. 1230 *	0. 2536 ***	0. 0734	0. 0853
截距	0. 7684 ***	− 0. 3590 **	− 0. 2799 *	− 0. 3950 **
Qt_dum	控制	控制	控制	控制
Ind_dum	控制	控制	控制	控制
ADJ − R^2	0. 3033	0. 1346	0. 1905	0. 1953
F	23. 47	9. 03	13. 15	13. 53
N	3415	3415	3415	3415

注：*** 、 ** 、 * 分别表示在1% 、5% 和10% 的水平下显著。

表 3 - 14 为企业所有权性质、市场竞争力对风险承担的回归，其中第 1 列和第 2 列回归中，被解释变量为 RiskT，第 3 列和第 4 列回归中，被解释变量为 R&D（研发投入/资产）。无论是年度风险承担还是以 R&D 为风险承担替代变量，均表明企业所有权性质与风险承担显著负相关，同时市场竞争与企业风险承担（RiskT）以及 R&D 显著相关。

表 3 - 15　　　　中介效应检验——企业所有权性质、市场竞争、

风险承担对企业绩效回归（年值）

变量	ROA			
	模型（9）	模型（9）	模型（9）	模型（9）
RiskT	0. 1376 ***	0. 1378 ***		
R&D			0. 0467 ***	0. 0458 ***
State	0. 0109		− 0. 1290 ***	
HHI		− 0. 0563 ***		− 0. 0455 ***
Size	0. 30610 ***	0. 3123 ***	0. 3059 ***	0. 3005 ***

续表

变量	ROA			
	模型（9）	模型（9）	模型（9）	模型（9）
Fage	− 0.0569 ***	− 0.0654 **	− 0.0495 ***	− 0.0499 ***
Lev	− 0.4010 ***	− 0.4042 ***	− 0.4120 ***	− 0.4151 ***
SGR	0.1672 ***	0.1668 ***	0.1689 ***	0.1697 ***
Dual	0.0820	0.0771	0.0957 *	0.1086 *
截距	− 0.3858 **	− 0.3518 ***	0.2674 *	− 0.3842 **
Qt_dum	控制	控制	控制	控制
Ind_dum	控制	控制	控制	控制
ADJ − R^2	0.2375	0.2400	0.2259	0.2250
F	16.84	17.05	15.84	15.76
N	3415	3415	3415	3415

注：*** 、** 、* 分别表示在 1%、5% 和 10% 的水平下显著。

表 3 – 15 为企业所有权性质、市场竞争、风险承担对企业绩效的回归结果。其中第 1 列和第 2 列被解释变量为 RiskT，第 3 列和第 4 列被解释变量为 R&D。表 3 – 15 第 1 列回归表明风险承担对企业绩效影响显著，State 变量系数不显著。表 3 – 13 和表 3 – 14 中 State 系数显著，若解释变量 X 对被解释变量 Y 的影响机理是经由变量 M 来实现的，则 M 是变量 X 与变量 Y 的中介变量，其模型为：$Y = cX + e_1$；$M = aX + e_2$；$Y = c'X + bM + e_3$。若模型中 c 不显著，终止中介效应检验，若 a，b，c 显著异于 0，c' 不显著，则完全中介效应成立，若 a，b，c，c' 均显著异于 0，则中介效应显著。因此，可以判断企业风险承担为企业所有权性质与企业绩效的完全中介。

表 3 – 15 第 2 列回归表明 RiskT 对企业绩效影响显著，HHI 对企业绩效影响显著，在表 3 – 13 和表 3 – 14 中，HHI 变量系数均显著，根据中介效应判断标准，对风险承担是否为市场竞争与企业绩效的中介变量进行 Sobel 检验。Sobel 检验公式为 $Z = (\hat{a}\hat{b})/s_{ab}$，其中 $s_{ab} = \sqrt{\hat{a}^2 s_b^2 + s_a^2 \hat{b}^2}$，计算 Z 值为 2.315 > 0.97（5% 显著水平临界值），以 RiskT 年度值为风险承担变量是市场竞争与企业绩效影响的中介变量。

表 3 – 15 第 3 列回归表明 R&D 作为风险承担替代变量与企业绩效显著相

关、企业所有权性质与企业绩效显著相关，表 3 – 13 和表 3 – 14 中 State 变量系数显著，根据中介效应判断标准，对风险承担是否为市场竞争与企业绩效的中介变量进行 Sobel 检验。Sobel 检验公式为 $Z = (\hat{a}\hat{b})/s_{ab}$，其中 $s_{ab} = \sqrt{\hat{a}^2 s_b^2 + s_a^2 \hat{b}^2}$，计算 Z 值为 2.21873 > 0.97（5% 显著水平临界值），以 R&D 年度值为风险承担变量是企业所有权性质对企业绩效影响的中介变量。

表 3 – 15 第 4 列表明 R&D 作为风险承担替代变量与企业绩效显著正相关，HHI 与企业绩效显著负相关，表 3 – 13 和表 3 – 14 中 HHI 变量的系数均显著，根据中介效应判断标准，对风险承担是否为市场竞争与企业绩效的中介变量进行 Sobel 检验。Sobel 检验公式为 $Z = (\hat{a}\hat{b})/s_{ab}$，其中 $s_{ab} = \sqrt{\hat{a}^2 s_b^2 + s_a^2 \hat{b}^2}$，计算 Z 值为 2.45056 > 0.97（5% 显著水平临界值），以 R&D 年度值为风险承担变量是市场竞争指数对企业绩效影响的中介变量。

年度数据和风险承担变量的替代变量对中介效应的检验结果表明，企业风险承担是企业所有权性质与企业绩效的中介变量，企业风险承担是市场竞争与企业绩效的中介变量，所得到的结论与季度观测值实证检验结论相同，结果具有稳健性。

3.7 本章小结

3.7.1 结论

本章以 2006 ~ 2012 年中国非金融类上市公司数据为样本，检验企业产权性质和市场竞争力如何影响企业风险承担水平，以及企业风险承担水平与企业价值和企业绩效是否存在相关性。基于企业的终极控制人确定产权性质，以企业的盈利波动性衡量企业风险承担水平。通过实证检验发现所有权性质与风险承担水平负相关，国有企业的风险承担水平显著低于民营企业的风险承担水平；市场竞争越激烈，越有利于企业风险承担水平，在不同所有权性质企业中，市场竞争对企业风险承担水平影响存在差异性，相比较民营企业而言，市场竞争对国有企业风险承担水平影响更大；同时研究发现企业风险承担不仅对企业的绩效产生正向影响，同时对于未来企业价值也产生正向影响，本章利用中国上市公司数据从风险承担的视角验证高风险高收益，获取高收益需要具备较高的风险承担水平。

基于本章对假设的验证结果推论，发现风险承担是企业产权性质与企业绩效以及市场竞争与企业绩效间存在的中介变量，并通过实证验证，企业所有权影响企业风险承担水平进而影响企业绩效，市场竞争影响企业的风险承担水平进而影响企业的绩效。

同时本章对实证结论的稳健性进行检验。分别采用年度数据和变量替换的方法，对文中的模型进行回归检验，所得结论与季度数据一致，不存在实质性改变。

3.7.2　启 示

国外和国内学术界关于国有企业改革之争从未停止，各国国有企业改革实践过程中"国进民退"和"国退民进"的浪潮此起彼伏。国内关于国有企业改革主要有产权观（张维迎，1995）和市场竞争观（林毅夫，1995）。产权观认为国有企业产权不明晰，终极所有权虚置，代理成本增加，剩余控制权和剩余索取权不匹配，影响企业监督激励约束机制，进而影响企业的效率。相比较产权观点，市场化观点更加关注企业的外部环境，认为充分的信息和竞争性的市场环境对于国有企业至关重要，通过构建竞争的市场环境，倒逼国有企业在竞争的市场环境中完善企业内部治理机制，提高国有企业效率。

本书研究风险承担与企业所有权性质关系，市场竞争力与企业风险承担关系以及企业绩效（企业价值）与企业风险承担关系，研究发现企业风险承担水平有利于企业价值和企业绩效的提升，国有企业的风险承担水平低于民营企业风险承担水平，可以推断风险承担水平是影响国有企业和民营企业效率差异的影响因素之一，从风险承担视角验证产权观的观点。改变国有企业的所有权性质并非唯一提高企业效率的途径，研究还发现市场竞争力有利于企业风险承担水平的提高，当国有企业处于激烈的市场竞争环境中有利于国有企业的风险承担水平提高，改善企业经营效率，从风险承担视角验证市场化观点。本章研究结论表明对于国有企业改革问题来说，产权观点和市场竞争观点均有其合理性，并非彻底地改变企业所有权性质，国有企业民营化是唯一提高国有企业效率的路径，或者忽视所有权性质绝对信奉市场化即可解决国有企业效率问题。本章研究结论表明企业所有权性质与市场竞争都影响到企业的风险承担水平，而企业的风险承担水平影响到企业的绩效，企业风险承担是企业所有权性质与市场竞争力和企业绩效的中介变量，在国有企业的治理过程中需要关注影响动态路径问题，风险承担便是其中的影响因素。

国有企业通过完善企业治理结构，使得其在激烈的市场竞争中，提高竞争力和抗风险能力，而提高竞争力和抗风险能力的本质是增强企业市场竞争力和风险承担水平。国有企业对国民经济来说至关重要，关系国家经济安全和国家战略问题。从风险承担的角度看，对于影响国家经济命脉、国家经济安全的国有企业在确保企业所有权性质不变的前提下，通过完善市场竞争机制，使企业适应激烈的市场竞争同样可以提高企业风险承担水平，提高企业效率。对于其他类国有企业引入民营股份可以提高企业风险承担水平，改善企业效率。

对于国有企业绩效低的状况并非改变企业所有权性质是唯一的途径，研究从风险承担的视角发现，完善市场竞争机制，改变国有企业依靠垄断获取竞争优势，提高市场竞争力，市场竞争越激烈，国有企业风险承担水平越高，越有利于企业绩效提高，增加企业价值。

研究丰富企业所有权性质与企业效率以及市场竞争力与企业效率的关系研究。区别于以往的研究，直接研究企业效率与所有权性质，市场竞争力与企业效率，关注所有权性质与企业绩效及市场竞争与企业绩效研究的中间变量，以风险承担视角展开实证研究，研究企业所有权性质及市场竞争程度对企业风险承担水平的影响，以及企业风险承担水平对企业价值和企业绩效的影响，将风险承担因素引入企业绩效与产权性质、企业绩效与市场竞争的逻辑框架内，形成"产权性质—风险承担—企业绩效"和"市场竞争—风险承担—企业绩效"的逻辑框架。

第4章

股权结构、风险承担与企业绩效

本书第3章的主要检验结论是：（1）企业绩效是收益的表现形式，企业绩效蕴含一定的风险，在意识到高风险高收益的同时获取较高收益的主体必须具备较高的风险承担水平，企业绩效与风险承担水平正相关。（2）企业产权性质与企业风险承担存在相关关系，国有企业风险承担水平与民营企业风险承担水平存在显著差异性，国有企业风险承担水平低于民营企业风险承担水平，国有企业绩效低于民营企业绩效，风险承担水平是影响国有企业与民营企业绩效存在差异的影响因素，风险承担是产权性质与企业绩效的中介变量。另外企业市场竞争力同样影响企业风险承担水平，企业市场竞争能力越高，企业风险承担水平越高，企业的绩效水平越高，风险承担是市场竞争与企业绩效的中介变量。

股权结构是股份公司总股本中不同产权性质的股份所占比例及相互关系，具体包含两个方面内容，其一是股权的产权属性，是质的体现；其二是股权数量构成，体现为股权集中与股权制衡。股权结构是公司内部治理机制的基础，股权结构的产权性质及其数量构成影响控制权的行为方式进而影响到企业的治理效果（马连福，2000；施东晖，2000；杜莹和刘立国，2002；徐向艺和王俊韡，2005；李维安和李汉军，2006）。企业最终控制人通过股权结构实现其对企业绩效的影响。第3章对股权结构质的方面进行阐释，回答了产权性质、企业风险承担与企业绩效的关系，第4章研究内容是第3章的延续，从股权结构数量构成角度回答风险承担、股权结构与企业绩效的关系。

4.1 问题提出

在全球金融危机的背景下，风险承担（RiskTaking）问题受到学术界、实务界和政策部门的特别关注，成为公司治理领域研究的热点问题。企业绩效与风险承担存在相关关系。从微观角度看风险承担与企业绩效正相关（Huybrechts et al.，2012；Coles et al.，2006），本书第 3 章实证结论亦表明企业绩效以及企业价值与企业风险承担水平正相关；从宏观角度看企业家在追求利润过程中愿意承担风险的意愿是经济长期增长的基础（John et al.，2008）。风险承担不仅影响企业的绩效，还对经济长期增长产生重要影响。

学术界对中国企业的风险承担研究处于初期阶段。现有研究发现国有企业民营化后能够有效提高企业风险承担水平，有利于企业绩效提升（余明桂等，2013），市场化进程水平越高，企业风险承担水平越高（李文贵和余明桂，2012），不同管理层激励方式对管理层的风险承担水平选择产生不同的影响（张瑞君等，2013；李小荣和张瑞君，2014），同时管理者本身特质同样影响企业风险承担水平（余明桂等，2013）。本书第 3 章结论同样表明企业产权性质以及市场竞争力对企业风险承担水平存在显著的影响，同时风险承担也对企业的绩效产生影响。产权性质体现企业所有者价值观念，而股权结构是实现其价值观念控制企业的具体途径和手段。关于股权结构的集中和制衡能否提高企业绩效问题虽然研究成果较多，但结论存在分歧（徐莉萍等，2006）。为什么现有的文献中集中和制衡的股权结构对企业绩效的影响结论存在分歧？股权结构对企业绩效是否存在显著影响？这种影响是直接的吗？本章从风险承担的视角研究股权结构对企业绩效的影响，从股权结构构成的数量角度分析为什么现有文献研究股权结构与企业绩效存在结论的差异性，本章将风险承担因素引入股权结构与企业绩效的分析形成"股权结构—风险承担—企业绩效"的逻辑框架，研究发现风险承担与企业绩效正相关，股权结构（股权集中与股权制衡）与企业绩效显著正相关，股权集中与企业的风险承担非线性相关，股权制衡与企业风险承担显著正相关，风险承担作为中介变量影响股权结构与企业绩效关系，本章的研究结论对国有企业混合所有制和国有企业分类具有一定的参考价值。

4.2　文献回顾与假设

4.2.1　股权结构与企业绩效

股权集中度是否有利于提高企业绩效或者企业价值的研究硕果累累，但研究并未取得一致性的结论。最早的文献研究提出股权结构内生性问题（Demsetz，1983），并利用美国 511 家企业数据实证研究发现股权集中度与企业经营会计指标（ROE）无关，股权集中度无法解释企业的绩效问题（Demsetz and Lehn，1985；Demsetz and Villalonga，2001）。国内学者发现在市场竞争越激烈的环境下，股权结构与企业绩效无相关关系（朱武祥和宋勇，2001），实际研究结论支持外部治理作用可以弥补内部治理不足；还有研究发现以第一大股东为代表的股权集中对企业价值影响正相关，且第一股东性质不同而导致股权集中亦对企业价值产生影响（徐晓东和陈小悦，2003），这使得国内股权结构实证研究更加关注股东的性质；股权结构对企业的绩效影响并非是简单的线性关系，第一大股东持股比例与公司价值非线性关系，且二者是呈"U 型"（白重恩等，2005）。面对股权集中对绩效影响研究结论不一致性，部分学者从造成差异的原因着手进行分析，认为国内学者在股权集中与企业绩效或企业价值关系研究上之所以存在分歧主要是由于股权性质分类的不同以及企业绩效指标选择的差异性所造成的，徐莉萍等人借鉴其他学者方法区分股权性质，在企业绩效衡量方面采用综合指标，发现股权集中度与企业绩效正相关（徐莉萍等，2006）。股权集中度与企业绩效无关论观点是代理成本下自然选择假说，认为股权集中选择是在考虑企业未来价值的基础上自然形成的均衡状态，因此股权结构与企业绩效无关。股权集中度与企业绩效相关论的前提则是股权集中的形成是外生变量，改善股权结构的目的是提高企业的绩效或者企业价值。

股权制衡对企业绩效或者企业价值影响的学术研究始于 20 世纪 90 年代。股权制衡结构使得大股东之间的互相约束和监督能有效限制控股股东对中小股东利益损害行为，提高企业价值和绩效（Shleifer and Vishny，1986；La Porta et al.，1999；Maury and Pajuste，2005；Gomes and Novaes，2006）。国内学者认为股权制衡可以提高企业绩效（黄渝祥等，2003；陈信元和汪辉，2004），但有学者研究发现股权分散可能降低决策效率、增加企业管理成本导致股权制衡与企业绩效负相关（赵景文和于增彪，2005）。股权制衡对企业绩效影响研究存在分歧原因可能是没有考虑控股股东产权性质，国有性质控股股东会导致股权制衡对企业绩效的负相关（Demsetz，1983；涂国前和刘峰，2010）。受到法律环境和企业内外治理环境约束影响，还有研究发现股权制衡与企业价值非线性关系（秦志华和徐斌，2011）。无论是股权集中还是股权制衡其目的均是改善企业的绩效，提高企业未来价值。因此，基于上述文献研究提出假设：

H1：股权集中有利于提高企业绩效。

H2：股权制衡有利于提高企业绩效。

现有关于股权集中度和股权制衡与企业绩效（或企业价值）间研究结论存在分歧。现有文献在研究股权集中与股权制衡效果时不仅考虑到市场环境、企业所有权性质、股权结构的内生性问题，而且充分考虑到变量指标的选取问题。但已有的文献在研究股权结构与企业绩效关系中多为变量两两之间关系，可能忽略变量之间存在未发现的中间变量影响股权结构与企业绩效的关系。

4.2.2　企业绩效与企业风险承担

风险与收益是公司金融永恒的话题，在 EHM 的分析框架下 CAPM 模型以及 APT 模型等认为收益是风险承担的补偿，风险与收益正相关。本书基于已有文献认为，企业绩效是收益的表现形式，企业绩效的本身具有一定的风险性质。决定企业绩效的各个因素（企业的行为及管理层行为）是事前变量，企业绩效是一种事后变量，企业绩效与影响企业绩效因素存在因果性关系，影响因素在前，影响结果在后，反映企业绩效作为收益的表现形式必然具有风险特性。企业绩效是一种收益，而收益与风险正相关，前人在研究股权结构与企业绩效问题中，并未考虑企业绩效的风险特性，企业绩效与企业风险承担水平正相关（Coles et al.，2006；Low，2009），企业所有权理论认为剩余控制权与剩余索取权匹配意味着获取收益同时必须承担相应的风险，企业的绩效越高意味企业需要有较高的风险承担水平，这意味企业所有者在获取较高的绩效同时需要有较高的风险承担水平，实现风险与收益的匹配。因此，提出假设：

H3：高风险高收益高风险承担。

4.2.3　股权结构与风险承担

在理想的市场中，为实现企业所有者价值最大化和股东财富最大化，选择所有预期净现值（NPV）为大于零的项目进行投资是企业理性决策。企业在追求价值最大化或高收益同时伴随高风险，风险承担反映企业对 NPV 大于零的风险项目的承受能力，而非规避放弃高风险但预期净现值大于零的投资项目。企业的股权结构（股权集中、股权制衡）对企业绩效或者企业价值的影响并非是直接的，两种股权结构形式影响到企业的风险承担水平，进而影响到企业绩效。因此，股权集中与股权制衡两种股权结构对企业风险承担水平影响不同。

当控股股东在公司持有股份占绝对优势时，股权过度集中，考虑到自己财富在公司暴露过多，公司的较高风险承担会给控股股东造成的损失可能性增加，因此他们更偏好保守投资策略以确保他们的利益不受损（Fama and Jensen，1983），企业伴随着较低的风险承担水平（Mishra，2011），这导致公司可能放弃提升未来价值风险性经营项目（John et al.，2008；Paligorova，2010）。随着大股东持股比例提高，意识到因其短视行为而造成的代理成本最终由其自身承担，引起大股东关注企业长期价值创造的动力越强（Shleifer and Vishny，1986）。通过承担风险性较高而净现值为正的项目，可以追求企业长远发展。股权制衡是多个股东共享企业的控制权，通过内部博弈和牵制，使得单个股东控制企业的可能性降低，当企业存在多个大股东时，股东之间关系存在共谋和制衡两种选择。面对高风险项目时与控股股东的合谋可以分享未来高额收益，当控股股东表现为因私利风险规避拒绝风险高净现值为正的项目时，非控股股东联合对控股股东产生制衡，避免控股股东因风险承担降低对小股东利益损害，因此当多个股东存在时提高企业风险承担水平是最优策略选择（刘鑫等，2014）。若没有其他大股东对控股股东约束的公司（股权制衡较低），企业风险承担水平较低，公司的投资策略更加保守，而多个大股东并存的企业，股权制衡较高，风险承担水平较高，且对企业绩效影响显著（Faccio et al.，2011）。在选择股权结构时，企业面临着两难决策，股权集中与股权制衡是一个问题的两个方面。股权的集中有利于大股东的监督活动，但过度集中的股权又将导致企业风险承担的不足，也即影响股权结构选择的因素是大股东的监督以及风险分担的权衡（Admati，

1994）。股权制衡机制可以提高风险承担水平，提高企业的绩效。因此，提出假设：

H4：股权集中与企业风险承担水平存在"U"型关系。

H5：股权制衡与企业风险承担水平正相关。

4.2.4 风险承担是股权结构与企业绩效的中介变量

股权结构是以企业所有权结构为基础，是企业所有者实现其对企业控制的工具和手段。股权结构影响企业的治理机制、权力的权衡以及决策机制，并最终影响企业绩效（孙永祥和黄祖辉，1999；徐向艺和王俊韡，2005；李维安和李汉军，2006）。股权结构影响企业所有者决策的价值取向，不同股权结构对企业运行的效率产生不同影响，虽然已有股权集中与股权制衡对企业绩效的影响研究结论呈现出多样化的趋势，通过对文献梳理发现已有研究多数为股权结构与企业绩效两变量之间直接关系研究，从变量影响传导的逻辑看，可能存在二者之间未被发现的中间变量。本章假设 1 阐述企业绩效与风险承担水平之间关系，认为企业绩效是收益的表现形式，收益与风险是统一的矛盾体，高风险高收益，获取企业较高的绩效必须承担较高的风险。假设 3 和假设 4 从数量构成角度阐述股权集中对企业风险承担的影响机制以及股权制衡影响风险承担的机制，我们预期企业的股权结构（股权集中和股权制衡）对企业绩效的影响并非是直接的，两种股权结构影响到企业的风险承担水平，进而影响到企业绩效。因此，提出如下假设：

H6：风险承担是股权结构与企业绩效的中介变量。

区别以往股权结构与企业绩效的研究，本章从风险承担的视角探讨股权结构与企业绩效之间的关系。本书对股权结构从两个角度进一步分解，其一是产权性质角度，本书在第 3 章对此进行检验，其二是从数量构成角，假设 H4 验证股权集中与企业风险承担水平关系，假设 H5 验证股权制衡与企业风险承担水平关系；假设 H6 检验风险承担为股权集中和股权制衡与企业绩效的中介变量，本章通过假设 H1 和假设 H2 验证股权结构与企业绩效关系，假设 H3 检验风险承担与企业绩效关系。本章研究模型见图 4 - 1。

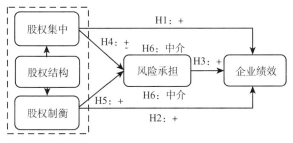

图 4 - 1　股权结构—风险承担—企业绩效

4.3　研 究 设 计

4.3.1　样本选取与数据来源

本章选取 2003 ~ 2015 年上海证券交易所 A 股上市公司季度数据为初始样本，对样本进行如下处理：（1）剔除金融类企业。（2）剔除企业所有权性质（民营变为国有，或者国有变为民营）发生变化的样本。（3）考虑到数量研究的前提要求，基于企业经营的可持续才可能表现出具有规律性特质，剔除 2003 ~ 2015 年存在 ST 以及经营异常的企业，以确保样本在区间前 3 年和后 3 年的稳定性，最终样本企业区间确定为 2006 ~ 2012 年 488 家上市公司，13664 个季度观测值。（4）本章数据来源 CSMAR 数据库及 Wind 数据库，并且对数据进行了 1% 和 99% 分位 Winsorize 缩尾处理。

4.3.2　变量设置

1. 企业风险承担

$RiskT_{it}$ 表示企业的风险承担水平，i 表示企业个体，t 表示时间。标准差是风险的传统衡量标准，高风险承担意味企业未来收益现金流不确定性增加，根据已有文献，我们主要采用企业盈利的波动性来衡量，即 ROA_i 的波动。ROA 为企业 i 相应年度的息税前利润（EBIT）与当期期末资产总额的比率。考虑到企业 ROA 的行业差异性因素影响，我们先将企业每一期的 ROA_i 减去该期企业所在行业的 ROA 均值，然后计算每一个企业经行业调整的 ROA 的标准差，代表企业的风险承担水平。具体计算如下：

$$RiskT_{it} = \sqrt{\frac{1}{t-1} \sum_{t=1}^{t} \left(ADJ\_ROA_{it} - \frac{1}{t} \sum_{t=1}^{t} ADJ\_ROA_{it} \right)^2 \mid t = 12}$$

$ADJ\_ROA_{it} = \dfrac{EBIT_{it}}{Assets_{it}} - \dfrac{1}{X_t} \sum_{k=1}^{X} \dfrac{EBIT_{Kt}}{Assets_{kt}}$，其中 X_t 代表 t 期企业所在行业的企业总数量。

2. 股权集中度（Concentration Ratio）

股权集中度（CR_n）主要是前 n 个大股东持股比例之和，本章根据研究需要 n = 1、5、10。

3. 股权制衡（Degree of Restriction）

目前国内学术界对股权制衡度的衡量主要采用同济大学—上海证券课题组（2002）的方法，第 2 到第 5 大股东持股比例之和与第 1 大股东持股比值，本章定义为 DR_5。第 2 到第 10 大股东持股比例之和与第 1 大股东持股比值，本章定义为 DR_10。

4. 公司绩效

本章用总资产回报率（ROA）作为公司会计业绩的代理变量。Tobin Q 作为公司企业价值的代理变量。

在已有的文献（余明桂等，2013；Coles et al.，2006；张瑞君等，2013；Faccio et al.，2011；Mishra，2011；Boubakri et al.，2013；Acharya et al.，2011）基础上，考虑以下因素对于企业风险承担的影响，本章还设置其他控制标量。企业所有权性质变量 State，当企业为民营企业 State = 0，当企业为国有企业 State = 1，由于企业所有权性质可能会影响企业的绩效，因此在所选样本中企业所有权性质均保持一致性，也即是不存在国有企业变为民营企业或者民营企业转为国有企业；企业终极控制人（Euc），将国有企业终极控制人分为中央国资委控制、央企控制、省级国资委控制和市级国资委控制；定义企业年龄为 Fage，成立年龄 +1 取自然对数；企业规模定义为 Size，为企业当期资产取对数；定义 SGR 为企业销售收入增长率，衡量企业的成长性；考虑到董事长和总经理两职兼任情况会影响董事会的独立性，董事长或者总经理几乎对企业完全控制，为谋求个人私利或采取保守的经营策略或者追求高风险投资项目，形成壕堑效应（Entrenchment effect）（King and Wen，2011；Giroud and Mueller，2010）。因此，董事长和总经理两职兼任情况会影响企业风险承担水平，定义 Dual 衡量董事长和总经理两职兼任情况，当董事长和总经理两职合一时，Dual = 1，否则为 0；定义赫芬达尔指数为 HHI，衡量市场竞争程度；定义行业变量（Ind_dum）和时间变量（Qt_dum）在回归过程中进行控制。

4.3.3　基本模型设定

1. 股权结构与风险承担

$$RiskT_{it} = \beta_0 + \beta_1 CR_{it} + \beta_2 DR_{it} + \beta_3 State_{it} + \beta_4 Size_{it} + \beta_5 Fage_{it} + \beta_6 Lev_{it}$$
$$+ \beta_7 HHI_{it} + \beta_8 SGR_{it} + \beta_9 Dual_{it} + Qt\_dum + Ind\_dum + \zeta_{it} \qquad (1)$$

2. 风险承担与企业绩效

$$ROA_{it} = \beta_0 + \beta_1 RiskT_{it} + \beta_2 RiskT_{it} \times State_{it} + \beta_3 State_{it} + \beta_4 Size_{it} + \beta_5 Fage_{it} + \beta_6 Lev_{it}$$
$$+ \beta_7 HHI_{it} + \beta_8 SGR_{it} + \beta_9 Dual_{it} + Qt\_dum + Ind\_dum + Euc\_dum + \zeta_{it} \quad (2)$$

3. 股权结构与公司绩效

$$ROA_{it} = \beta_0 + \beta_1 CR_{it} + \beta_2 DR_{it} + \beta_3 State_{it} + \beta_4 Size_{it} + \beta_5 Fage_{it} + \beta_6 Lev_{it} + \beta_7 HHI_{it}$$
$$+ \beta_8 SGR_{it} + \beta_9 Dual_{it} + Qt\_dum + Ind\_dum + \zeta_{it} \qquad (3)$$

4.4　实证结果与分析

4.4.1　描述性统计分析

表 4-1 提供主要变量描述性统计特征。数据表明样本企业的风险承担 RiskT 均值为 0.036，中位数为 0.023，最大值和最小值分别为 0.207 和 0.03，世界主要国家 1997~2007 年企业风险承担水平均值和中位数分别是 0.048 和 0.037（Faccio et al.，2011），表明样本企业的风险承担水平低于世界其他国

家企业风险承担水平。实际上，上市公司在研发领域支出比例是企业风险承担水平的体现，根据2011~2013年《全国科技经费投入统计公报》的规模以上工业企业R&D投入强度分别为0.56%、0.66%、0.689%，远低于发达国家2%的投入强度，表明我国企业的风险承担水平总体偏低。ROA的均值为0.0434，股权集中度CR_1、CR_5、CR_10的均值分别为0.387、0.4833、0.5424，第一大股持股比例均值为38%；股权制衡度DR_5和DR_10均值分别为0.4311和0.5472。

表4-1 股权结构主要变量描述性统计

变量	四分位数	中位数	均值	标准差	最小值	最大值
RiskT	0.0133	0.0227	0.0360	0.0370	0.0031	0.2070
ROA	0.0146	0.0324	0.0434	0.0426	-0.030	0.2182
CR_1	0.2656	0.3840	0.3876	0.1518	0.0881	0.7528
CR_5	0.3754	0.4873	0.4833	0.1489	0.1500	0.8631
CR_10	0.4376	0.5482	0.5424	0.1517	0.1873	0.9028
DR_5	0.0926	0.2382	0.4311	0.4749	0.0493	2.2737
DR_10	0.1342	0.3257	0.5472	0.5815	0.0084	2.9569
Fage	3.4880	3.7250	3.6887	0.3016	2.9178	4.3007
Lev	0.3879	0.5187	0.5097	0.1760	0.0928	0.8516
HHI	0.0553	0.0838	0.1187	0.1320	0.0133	0.8798
Size	2.8230	3.4830	3.6797	1.1822	1.5862	7.3142
State	1.0000	1.0000	0.7643	0.4244	0.0000	1.0000
SGR	-0.004	0.1386	0.1857	0.3658	-0.576	1.9052
Dual	0.0000	0.0000	0.0750	0.2630	0.0000	1.0000

4.4.2 变量相关系数及均值比较

表4-2列出主要变量Pearson相关系数。从表中系数可以看出企业风险承担水平（RiskT）与股权集中度（CR_1，CR_5，CR_10）显著负相关，企业风险承担水平（RiskT）与股权制衡度（DR_5，DR_10）显著正相关，初步表明股权集中度越高企业风险承担水平越低，股权制衡度越高企业风险承担水平越高，支持假设H4和H5。股权集中度与股权制衡度与企业绩效ROA正相关，支持假设H1

和 H2。企业风险承担水平（RiskT）与企业绩效 ROA 正相关，企业风险承担水平越高，企业收益越高，风险收益正相关，支持假设 H3。表 5 - 2 还显示股权集中度（CR_1，CR_5，CR_10）与企业所有权性质（State）显著正相关，股权制衡（DR_5，DR_10）与企业所有权性质显著负相关，表明国有企业的股权集中度高于民营企业，而股权制衡低于民营企业。另外，根据研究的需要，从回归模型所需主要解释变量的相关系数看出，不存在明显的多重共线性。

表 4 - 2 股权结构与风险承担相关系数表

变量	RiskT	ROA	CR_1	CR_5	CR_10	DR_5	DR_10
RiskT	1.00						
ROA	0.10***	1.00					
CR_1	-0.24***	0.10***	1.00				
CR_5	-0.21***	0.16***	0.85***	1.00			
CR_10	-0.15***	0.22***	0.70***	0.94***	1.00		
DR_5	0.16***	0.08***	-0.65***	-0.23***	0.00	1.00	
DR_10	0.17***	0.10***	-0.68***	-0.27***	-0.02**	0.99***	1.00
Fage	0.06***	-0.04***	-0.27***	-0.31***	-0.31***	0.06***	0.07***
Lev	-0.20***	-0.17***	0.04***	0.03***	0.02*	-0.03***	-0.04***
HHI	-0.04***	-0.03***	0.11***	0.09***	0.07***	-0.08***	-0.09***
Size	-0.18***	0.11***	0.29***	0.31***	0.29***	-0.11***	-0.11***
State	-0.64***	-0.04***	0.30***	0.26***	0.19***	-0.19***	-0.21***
SGR	-0.01*	0.23***	0.05***	0.07***	0.10***	0.02***	0.04***
Dual	0.13***	0.04***	-0.08***	-0.05***	-0.03***	0.08***	0.08***

注：***、**、*分别表示在1%、5%和10%的水平下显著。

表 4 - 3 是民营企业和国有企业主要变量均值及中位数比较。从表中可以看出民营企业风险承担水平（RiskT）与国有企业风险承担水平（RiskT）存在显著的差异性，民营企业的风险承担水平均值和中位数均高于国有企业；民营企业绩效（ROA）的均值和中位数显著高于国有企业绩效（ROA）的均值和中位数，二者之间存在显著差异。国有企业的股权集中度均值和中位数显著高于民营企业股权集中度均值和中位数，而国有企业股权制衡度均值和中位数显著低于民营企业的均值和中位数。表 4 - 2 的 Pearson 系数表明企业的绩效和企

业风险承担正相关，股权集中与风险承担负相关，股权制衡与企业风险承担正相关。表 4-3 显示民营企业的绩效高于国有企业的绩效，而国有企业的股权集中度高于民营企业股权集中度，股权制衡度低于民营企业股权制衡度，导致民营企业和国有企业风险承担的差异性。因此，我们推测企业的股权结构影响企业的风险承担水平，进而影响到国有企业和民营企业的绩效差异，需要在回归中进一步检验。另外，民营企业负债率及企业规模均低于国有企业，民营企业面临市场竞争比国有企业更为激烈，民营企业董事长与总经理两职兼任情况多于国有企业。

表 4-3   民营企业与国有企业股权结构均值及中位数比较

变量	民营企业	国有企业	均值差异	民营企业	国有企业	中位数差异
RiskT	0.081	0.022	0.059 ***	0.069	0.018	3765.660 ***
ROA	0.046	0.043	0.004 ***	0.034	0.032	12.925 ***
CR_1	0.308	0.412	-0.104 ***	0.286	0.417	1058.845 ***
CR_5	0.416	0.504	-0.089 ***	0.406	0.511	783.431 ***
CR_10	0.489	0.559	-0.069 ***	0.493	0.563	408.412 ***
DR_5	0.604	0.378	0.227 ***	0.411	0.200	376.242 ***
DR_10	0.790	0.472	0.317 ***	0.548	0.279	398.836 ***
Fage	3.734	3.675	0.060 ***	3.755	3.707	40.978 ***
Lev	0.486	0.517	-0.031 ***	0.496	0.529	58.676 ***
HHI	0.105	0.110	-0.005 **	0.068	0.076	34.671 ***
Size	3.329	3.788	-0.459 ***	3.250	3.564	130.064 ***
SGR	0.186	0.186	0.001	0.138	0.139	0.059
Dual	0.121	0.060	0.061 ***	1.000	0.000	132.389 ***

注：***、**、*分别表示在1%、5%和10%的水平下显著。

图 4-2 是国有企业与民营企业第一股东持股情况，从图中看自 2006 年第一季度至 2012 年第四季度国有企业第一股东持股比例远远高于民营企业，国有企业股权集中度更高。图 4-3 同样表明国有企业的股权集中度高于民营企业股权集中度。

图 4-4 和图 4-5 为国有企业与民营企业股权制衡度比较。其中图 4-4 为 DR_5 的比较，民营企业股权制衡远远高于国有企业股权制衡，图 4-5 表

明民营企业 DR_10 水平高于国有企业 DR_10。综合图 4 - 2、图 4 - 3、图 4 - 4
及图 4 - 5，国有企业的股权集中度高于民营企业，国有企业股权制衡低于民
营企业股权制衡，与表 4 - 3 结论一致。

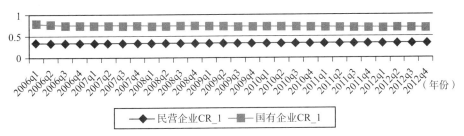

图 4 - 2　国有企业与民营企业 **CR_1** 比较

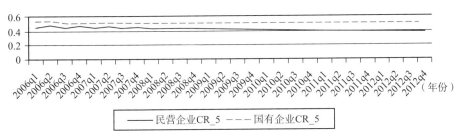

图 4 - 3　国有企业与民营企业 **CR_5** 比较

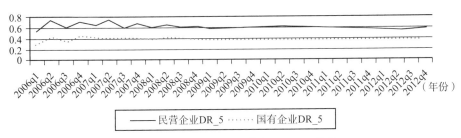

图 4 - 4　国有企业与民营企业 **DR_5** 比较

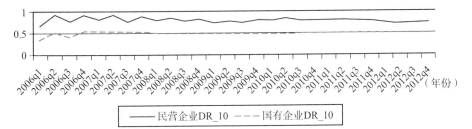

图 4 - 5　国有企业与民营企业 **DR_10** 比较

4.4.3 股权结构对企业风险承担影响分析

股权结构对风险承担影响分析主要从两个方面考察，一是股权集中度，二是股权制衡度。根据基本模型（1），我们考虑利用模型（1）至模型（6）分析股权结构对企业风险承担的影响，被解释变量均为风险承担（RiskT）。模型（1）至模型（3），单独考察股权集中度对风险承担的影响，主要解释变量分别为 CR_1，CR_5，CR_10；模型（4），主要解释变量 CR_1 及 SQCR_1（第一股东持股比例平方），主要考察第一股东对风险承担是否存在非线性的影响；模型（5）至模型（6），单独考察股权制衡对企业风险承担的影响，解释变量分别为 DR_5，DR_10。在整个模型（1）至模型（6）回归中对企业所有权性质、企业规模、企业成长年龄、企业负债率、销售增长率、市场竞争指数、董事长和总经理两职兼任情况以及行业变量（Ind_dum）和时间变量（Qt_dum）进行控制。

从表 4-4 的回归结果看我们的预期假设得到验证。模型（1）和模型（4）检验第一大股东持股比例与第一大股东持股比例的平方对企业风险承担影响，结果表明第一股东持股对企业风险承担呈现正"U"型关系，当持股比例小于临界点时，股权集中度与企业风险承担显著负相关，企业风险承担水平降低，当高于临界点时企业风险承担水平提高，这说明当大股东持股比例较低时，其控制权和现金流权分离较大，大股东会利用其控制权追求私人收益规避净现值为正风险性项目，随着大股东持股比例的提高，控制权和现金流权分离度降低，大股东有足够动力承担风险性项目提高企业价值，谋求企业长期发展，基本支持假设 H4。模型（5）至模型（6）考察股权制衡对企业风险承担的影响，回归结果显示股权制衡与企业风险承担显著正相关，支持假设 H5。

表 4-4   **股权结构对风险承担回归结果**

变量	模型（1）	模型（2）	模型（3）	模型（4）	模型（5）	模型（6）
CR_1	-0.0054 ***			-0.0438 ***		
SQCR_1				0.0481 ***		
CR_5		-0.0027				
CR_10			0.0004			

续表

变量	模型 (1)	模型 (2)	模型 (3)	模型 (4)	模型 (5)	模型 (6)
DR_5					0.0029 ***	
DR_10						0.0025 ***
State	− 0.0563 ***	− 0.0565 ***	− 0.0567 ***	− 0.0560 ***	− 0.0560 ***	− 0.0559 ***
Size	− 0.0004	− 0.0005 **	− 0.0006 ***	− 0.0005 **	− 0.0005 **	− 0.0005 **
Fage	0.0016 *	0.0021 **	0.0025 ***	0.0014 *	0.0023 **	0.0023 **
Lev	− 0.0141 ***	− 0.0141 ***	− 0.0139 ***	− 0.0135 ***	− 0.0139 ***	− 0.0138 ***
HHI	− 0.0142 ***	− 0.0143 ***	− 0.0144 ***	− 0.0156 ***	− 0.0147 ***	− 0.0148 ***
SGR	0.0012 *	0.0011 *	0.0011 *	0.0010 *	0.0011 *	0.0011 *
Dual	0.0055 ***	0.0057 ***	0.0057 ***	0.0056 ***	0.0055 ***	0.0055 ***
截距	0.0854 ***	0.0835 ***	0.0805 ***	0.0922 ***	0.0797 ***	0.0796 ***
Qt_dum	控制	控制	控制	控制	控制	控制
Ind_dum	控制	控制	控制	控制	控制	控制
$ADJ - R^2$	0.5412	0.5410	0.5409	0.5421	0.5420	0.5422
F	182.01	181.85	181.80	180.68	182.62	182.70
N	13658	13659	13659	13658	13658	13658

注：***、**、* 分别表示在1%、5% 和 10% 的水平下显著。

在模型 (1) 至模型 (6) 回归过程中，解释变量及控制变量的系数变动较小，符号稳定。企业所有权性质与企业风险承担水平负相关，显著性水平均为 1%，国有企业与民营企业在风险承担水平上存在显著的差异性，表明样本中国有企业风险承担水平低于民营企业。实证结果还表明企业负债率越高，企业在风险较高项目投资决策中表现得越谨慎，风险承担水平越低；在激烈的市场竞争环境下，企业风险承担水平越高；当企业董事长和总经理两职兼任情况时（民营企业较为普遍），董事长或者总经理为巩固个人地位获取壕堑效应，更倾向投资风险较高回收期较长项目，有利于企业的风险承担水平提升。

4.4.4 企业风险承担与企业绩效回归分析

基于基本模型 (2)，我们考察风险承担与企业绩效的关系。实证检验过程中模型 (1) 作总体样本的风险承担与企业绩效关系检验、模型 (2) 包含企业所有权性质与风险承担交叉项的模型检验，模型（3）和模型（4）分别为国有企业样本和民营企业样本的单独检验。表4-5为模型（1）总体样本的回归结果，其中RiskT的系数估计值为0.1537，显著水平为1%，表明风险承担水平与企业绩效正相关，风险承担水平越高，企业绩效越高，体现高风险高收益的规律，验证假设H3成立。模型（2）至模型（4）考察企业所有权性质与企业风险承担水平对企业绩效的影响。在模型（2）中加入企业所有权性质与企业风险承担水平的交互项（State×RiskT）、企业所有权性质（State）变量及控制变量进行回归，结果显示企业所有权性质与企业风险承担水平交互项的系数估计值为0.2381，显著水平为1%，结果表明国有企业风险水平与企业绩效正相关，企业所有权性质变量估计值为-0.0069，显著水平为1%，受到

表4-5 风险承担对企业绩效回归差异性比较

模型	全样本		按企业性质分组		系数差异性检验
	模型（1）	模型（2）	模型（3）	模型（4）	
变量	ROA	ROA	国有 ROA	民营 ROA	
RiskT	0.1537 ***	0.1590 ***	0.5237 ***	0.0812 ***	
State × RiskT		0.2381 ***			
State		-0.0069 ***			
Size	0.0079 ***	0.0079 ***	3.87e-06 ***	0.0135 ***	
Fage	-0.0110 ***	-0.0112 ***	-0.0173 ***	0.0036	
Lev	-0.0679 ***	-0.0670 ***	-0.0688 ***	-0.1221 ***	
HHI	0.0112 *	0.0113 *	0.0227 ***	-0.0072	
SGR	0.0215 ***	0.0216 ***	0.0001 *	0.0003 **	F - statistic 104. 37 *** (p = 0. 000)
Dual	0.0022 *	0.0024 **	0.0016	-0.0013	
截距	0.0408 ***	0.0354 ***	0.0577 ***	0.0524 ***	
Qt_dum	控制	控制	控制	控制	
Ind_dum	控制	控制	控制	控制	
EUC_dum			控制		
ADJ - R^2	0.4329	0.4404	0.3939	0.4137	
F	119.46	121.79	81.75	32.27	
N	13659	13659	10440	3220	

注：*** 、 ** 、 * 分别表示在1%、5%和10%的水平下显著。

企业所有权性质的影响，国有企业的绩效低于民营企业绩效，同时发现民营企业的风险承担水平高于国有企业风险承担水平，已有研究表明当国有企业转为民营企业后企业的风险承担水平显著提高（余明桂等，2013），而本章从静态的角度研究实证表明民营企业的风险承担水平高于国有企业。模型（3）和模型（4）是按照企业的所有权性质不同分样本组进行回归，结果表明在国有企业组 RiskT 的系数在 1% 的水平下取值为 0.5237，民营企业组 RiskT 的系数在 1% 水平下取值为 0.0812，RiskT 的取值在两个组的差异为 0.4425，且在 1% 水平下显著（F 统计量为 104.37），回归结果同样表明无论国有企业还是民营企业，风险承担水平与企业绩效正相关。同时模型（3）和模型（4）相比较表明民营企业风险承担水平对国有企业绩效的影响更大，更能改善企业风险承担水平。提高国有企业抗风险能力能够提高国有企业的绩效，可以有效减小国有企业和民营企业之间的绩效差异。

4.4.5 股权结构与企业绩效的回归结果

在考察股权结构与风险承担关系，风险承担与绩效的关系后，发现股权集中度与企业风险承担负相关，股权制衡与企业的风险承担正相关，当企业股权集中度较高，控股股东会因其财富过于集中的不可分散性，使得其在企业管理中可能采取保守的经营策略，失去能够带来收益但是风险高的项目，而股权制衡可以改善这种状况，提高企业的风险承担水平，进而有利于企业绩效。那么股权结构是如何影响绩效？是否存在双刃剑的效应？是股权集中有利于企业绩效提高还是股权制衡有利于企业绩效？利用基本模型（3）进行股权结构与企业绩效验证，回归结果见表 4 - 6。

表 4 - 6 股权结构对企业绩效回归结果

变量	模型（1）	模型（2）	模型（3）	模型（4）	模型（5）
CR_1	0.0213 ***				
CR_5		0.0320 ***			
CR_10			0.0442 ***		
DR_5				0.0017 ***	
DR_10					0.0029 ***

变量	模型（1）	模型（2）	模型（3）	模型（4）	模型（5）
State	-0.0070***	-0.0069***	-0.0065***	-0.0051***	-0.0045***
Size	0.0069***	0.0063***	0.0056***	0.0078***	0.0079***
Fage	-0.0067***	-0.0049***	-0.0023*	-0.0103***	-0.0104***
Lev	-0.0691***	-0.0683***	-0.0670***	-0.0702***	-0.0702***
HHI	0.0069	0.0069***	0.0057***	0.0076***	0.0073***
SGR	0.0215***	0.0214***	0.0209***	0.0217***	0.0217***
Dual	0.0041***	0.0040***	0.0039***	0.0034***	0.0032***
截距	0.0320***	0.0191***	0.0029	0.0487***	0.0479***
Qt_dum	控制	控制	控制	控制	控制
Ind_dum	控制	控制	控制	控制	控制
ADJ-R^2	0.4248	0.4288	0.4371	0.4214	0.42254
F	114.33	116.21	121.14	112.77	113.23
N	13658	13659	13659	13658	13658

注：***、**、*分别表示在1%、5%和10%的水平下显著。

表4-6中模型（1）至模型（3）回归股权集中度与企业绩效关系，从表中看出 CR_1，CR_5，CR_10 对企业绩效影响显著，回归系数表明集中度越高，绩效影响越大；模型（4）和模型（5）回归股权制衡与企业绩效关系，DR_5 和 DR_10 均对企业绩效显著，二者正相关且制衡度越高对企业绩效影响越大；模型（1）至模型（5）回归结果中企业性质与企业绩效显著负相关，表明在样本中民营企业的绩效高于国有企业绩效。从回归的结果看无论股权集中还是股权制衡均可以改善和提高企业的绩效。股权集中和股权制衡本身就是一对矛盾体，股权越集中，股权制衡效果越差；股权制衡越高，股权集中效果越差。因此，股权集中或者股权制衡并非越高越好，二者之间存在适度的问题。研究结论表明对于国有企业改革无论是采取股权高度集中的国有资本绝对控股，还是采取股权制衡的混合所有制均有利于企业绩效的提高。关键问题是哪种类型企业适合股权集中，哪种类型企业适合混合所有制，要分类对待，同时股权结构的集中与制衡要把握适度，控制股权结构对企业绩效影响的动态路径。

4.5　风险承担的中介效应检验

从上节的研究结论可以发现，企业的股权结构影响企业风险承担水平，企业风险承担水平影响企业的绩效，企业的股权结构又影响企业绩效，那么，企业的风险承担是否是企业股权结构影响企业绩效的中介变量，起到中介效应？因此，本章借鉴心理学研究中的"中介效应"检验方法，对三者关系进行分析和检验。

若解释变量 X 对被解释变量 Y 的影响机理是通过变量 M 来实现的，则 M 是变量 X 与变量 Y 中介变量，其数学模型为：$Y = cX + e_1$；$M = aX + e_2$；$Y = c'X + bM + e_3$。若模型中 c 不显著，终止中介效应检验，若 a，b，c 显著异于 0，c'不显著，则完全中介效应成立，若 a，b，c，c'均显著异于 0，则中介效应显著。为检验风险承担是否为股权结构与企业绩效中介变量，构造模型（4）至模型（6）：

$$ROA_{it} = \beta_0 + C_1 CR_{it} + C_2 DR_{it} + \beta_1 State_{it} + \beta_2 Size_{it} + \beta_3 Fage_{it} + \beta_4 Lev_{it} + \beta_5 HHI_{it}$$
$$+ \beta_6 SGR_{it} + \beta_7 Dual_{it} + Qt\_dum + Ind\_dum + \zeta_{it} \tag{4}$$

$$RiskT_{it} = \beta_0 + a_1 CR_{it} + a_2 DR_{it} + \beta_1 State_{it} + \beta_2 Size_{it} + \beta_3 Fage_{it} + \beta_4 Lev_{it} + \beta_5 HHI_{it}$$
$$+ \beta_6 SGR_{it} + \beta_7 Dual_{it} + Qt\_dum + Ind\_dum + \zeta_{it} \tag{5}$$

$$ROA_{it} = \beta_0 + C_1' CR_{it} + C_2' DR_{it} + b_1 RiskT_{it} + \beta_1 State_{it} + \beta_2 Size_{it} + \beta_3 Fage_{it} + \beta_4 Lev_{it}$$
$$+ \beta_5 HHI_{it} + \beta_6 SGR_{it} + \beta_7 Dual_{it} + Qt\_dum + Ind\_dum + \zeta_{it} \tag{6}$$

根据中介变量的检验方法，若 a_1，a_2，b_1，C_1，C_2 均显著异于 0，且 C_1'，C_2' 不显著异于 0，则风险承担是股权结构与企业绩效间完全中介变量；a_1，a_2，b_1，C_1，C_2，C_1'，C_2' 均显著异于 0，则风险承担是股权结构与企业绩效间的中介变量。根据中介变量检验方法，对进入检验模型所有变量进行中心化处理后进行回归。首先对模型（4）进行回归，结果见表 4 - 7。

表 4 - 7　　　　　中介效应检验——股权结构对企业绩效回归

变量	ROA				
	模型（1）	模型（2）	模型（3）	模型（4）	模型（5）
CR_1	0.0759 ***				
CR_5		0.1120 ***			

续表

变量	ROA				
	模型（1）	模型（2）	模型（3）	模型（4）	模型（5）
CR_10			0.1575 ***		
DR_5				0.0186 ***	
DR_10					0.0394 ***
State	− 0.0707 ***	− 0.0694 ***	− 0.0648 ***	− 0.0505 ***	− 0.0450 ***
Size	0.1937 ***	0.1742 ***	0.1546 ***	0.2175 ***	0.2185 ***
Fage	− 0.0489 ***	− 0.0344 ***	− 0.0160 *	− 0.0728 ***	− 0.0738 ***
Lev	− 0.2859 ***	− 0.2824 ***	− 0.2772 ***	− 0.2905 ***	− 0.2901 ***
HHI	0.0182	0.0180	0.0150	0.0199	0.0192
SGR	0.1851 ***	0.1839 ***	0.1795 ***	0.1869 ***	0.1865 ***
Dual	0.0256 ***	0.0024 ***	0.0024 ***	0.0208 ***	0.0197 ***
截距	− 0.0970 ***	− 0.9134 **	− 0.9099 ***	− 0.8354 ***	− 0.8836 ***
Qt_dum	控制	控制	控制	控制	控制
Ind_dum	控制	控制	控制	控制	控制
ADJ − R^2	0.4248	0.4288	0.4371	0.4215	0.4224
F	114.33	116.21	120.14	114.07	113.23
N	13658	13659	13659	13658	13658

注：*** 、** 、* 分别表示在1%、5%和10%的水平下显著。

回归结果表明，股权集中（CR_1，CR_5，CR_10）与企业的绩效均在1%水平下显著，且股权集中度越高与企业绩效关系敏感性越大，股权制衡度（DR_5，DR_10）与企业绩效存在显著正相关关系，回归系数估计值分别为0.0186和0.0394，均在1%的水平下显著，表明股权制衡有利于提高企业绩效，且股权制衡度越高，对绩效影响越大。企业性质变量估计系数为负，估计值稳定，且均在1%显著，经过中心化处理的模型回归结果显示民营企业的绩效高于国有企业绩效。

为检验基本模型（5），我们对股权结构与风险承担关系进行回归，回归前对模型中变量进行中心化处理，表4－8是股权结构与风险承担的回归结果。

表 4-8　　　　　　　中介效应检验——股权结构对风险承担回归

变量	RiskT				
	模型（1）	模型（2）	模型（3）	模型（4）	模型（5）
CR_1	− 0. 0223 ***				
CR_5		− 0. 0107			
CR_10			0. 0018		
DR_5				0. 0369 ***	
DR_10					0. 0391 ***
State	− 1. 5206 ***	− 1. 5283 ***	− 1. 5319 ***	− 1. 5121 ***	− 1. 5089 ***
Size	− 0. 1256	− 0. 0152	− 0. 0199 **	− 0. 0172 **	− 0. 0172 **
Fage	0. 0136 *	0. 0168 **	0. 0211 ***	0. 0188 **	0. 0185 **
Lev	− 0. 0675 ***	− 0. 0669 ***	− 0. 0660 ***	− 0. 0659 ***	− 0. 0656 ***
HHI	− 0. 0429 ***	− 0. 0433 ***	− 0. 0436 ***	− 0. 0444 ***	− 0. 0447 ***
SGR	0. 0114 *	0. 0111 *	0. 0108 *	0. 0110 *	0. 0105 *
Dual	0. 0394 ***	0. 0402 ***	0. 0406 ***	0. 0392 ***	0. 0388 ***
截距	1. 1838 ***	1. 1862 ***	1. 1861 ***	1. 1707 ***	1. 1700 ***
Qt_dum	控制	控制	控制	控制	控制
Ind_dum	控制	控制	控制	控制	控制
$ADJ - R^2$	0. 5412	0. 5410	0. 5409	0. 5420	0. 5422
F	182. 01	181. 85	181. 80	182. 62	182. 70
N	13658	13659	13659	13658	13658

　　股权集中度与风险承担：CR_1 的回归系数为 − 0. 0223，在 1% 水平下显著，表明股权集中度在一定程度上降低企业风险承担水平，CR_5 和 CR_10 的回归结果不显著。股权制衡度与风险承担：DR_5 的回归系数为 0. 0369，在 1% 水平下显著，DR_10 的回归系数为 0. 0391，在 1% 水平下显著。结果表明股权制衡能够提高企业的风险承担水平，同时结果还显示股权制衡度越高，企业风险承担水平越高。企业性质变量在 1% 水平下显著为负值，且数值稳定，表明民营企业风险承担水平高于国有企业的风险承担水平。

　　表 4-9 是对中介检验模型（6）的回归结果，其中股权集中度（CR_1，CR_5，CR_10）的回归系数均在 1% 水平下显著，股权制衡度 DR_5 回归系数在 10% 水平下显著，DR_10 的系数在 1% 水平下显著。企业风险承担（RiskT）

在模型（1）至模型（5）中，均在1%水平下显著，风险承担水平越高，企业绩效越高。

表4-9　　　　　中介效应检验——股权结构、风险承担对企业绩效回归

变量	ROA				
	模型（1）	模型（2）	模型（3）	模型（4）	模型（5）
CR_1	0.0797***				
CR_5		0.1138***			
CR_10			0.1572***		
DR_5				0.0125*	
DR_10					0.0329***
RiskT	0.1710***	0.1701***	0.1681***	0.1677***	0.1662***
State	0.0934***	0.0965***	0.1048***	0.1345***	0.1448***
Size	0.1959***	0.1767***	0.1579***	0.2204***	0.2213***
Fage	-0.0513***	-0.0373***	-0.0195**	-0.0759***	-0.0769***
Lev	-0.2744***	-0.2711***	-0.2661***	-0.2795***	-0.2792***
HHI	0.0256	0.0254	0.0224	0.0274*	0.0265*
SGR	0.1832***	0.1820***	0.1777***	0.1851***	0.1848***
Dual	0.0717***	0.0676***	0.0668***	0.0541**	0.0503**
截距	-0.9874***	-0.9954***	-0.9976***	-0.9947***	-1.0001***
Qt_dum	控制	控制	控制	控制	控制
Ind_dum	控制	控制	控制	控制	控制
ADJ-R^2	0.4382	0.4421	0.4500	0.4343	0.4350
F	119.35	121.23	125.16	117.48	117.84
N	13658	13659	13659	13658	13658

注：***、**、*分别表示在1%、5%和10%的水平下显著。

在股权结构对风险承担的回归模型中CR_5、CR_10对风险承担影响不显著，但在股权结构和风险承担对企业绩效模型中CR_5、CR_10对企业绩效的影响显著，进行Sobel检验。Sobel检验公式为 $Z = (\hat{a}\hat{b})/s_{ab}$，其中 $s_{ab} = \sqrt{\hat{a}^2 s_b^2 + s_a^2 \hat{b}^2}$，计算后结果显示风险承担对CR_5、CR_10与企业绩效中介效应

不显著。

通过对中介效应的模型回归检验，发现 CR_1、DR_5、DR_10 的变量均显著异于 0，表明风险承担水平是股权制衡和企业绩效的中介变量，股权制衡能够显著的提高企业的风险承担水平，进而影响企业的绩效；风险承担作为中介变量影响股权集中度 CR_1 也即是第一大股东持股比例与企业绩效关系。

4.6　稳定性检验

4.6.1　风险承担替代变量

在本章实证分析中，我们采用季度总资产报酬率（ROA）作为企业绩效的衡量变量，ROA 波动衡量企业风险承担水平，为检验结论的稳定性，采用季度总资产净利率和季度总资产净利率波动分别作为企业绩效和风险承担的替代变量，分别进行模型（1）至模型（6）回归，其他变量保持不变。回归结果表明：风险承担与企业绩效正相关；股权集中度与股权制衡均有利于企业绩效提高；股权集中度与企业风险承担水平负相关，股权制衡度与企业风险正相关；风险承担是股权制衡（DR_5，DR_10）与企业绩效的中介变量，股权制衡度越高风险承担越高，进而能够提升企业的绩效，风险承担是股权集中度（CR_1）与企业绩效的中介变量。

受到企业外部环境不确定性、企业自身特点以及研发创新活动的高度不确定性，企业 R&D 投入成功的概率较低，即使成功其成果商业化面临较高的不确定性风险。实际上，上市公司在研发领域支出比例是企业风险承担水平的体现（Bargeron et al.，2010），根据 2011～2013 年《全国科技经费投入统计公报》的规模以上工业企业 R&D 投入强度分别为 0.56%、0.66%、0.689%，远低于发达国家 2% 的投入强度，表明我国企业的风险承担水平总体偏低。R&D 蕴含巨大风险的特点使得企业管理层在研发投入决策中较为谨慎，企业研发投入经常被学者作为风险承担的代理变量（Coles et al.，2006；张瑞君等，2013；Boubakri et al.，2013；Bargeron et al.，2010；Palmer and Wiseman，1999；Robert et al.，1993；Li and Tang，2010）。参考已有文献本章将企业 R&D 投入与总资产比值作为风险承担变量衡量企业风险。本章利用 Wind 数据提供的企业年度研发投入及企业的总资产，计算出研发投入比 R&D（企业研发投入/企业期末总资产）作为风险承担的代理变量，其他变量定义均不变，但采用年度值进行实证研究。样本数据表明 RiskT 和 R&D 投入比相关系数为 0.0859，显著水平为 1%。

R&D 投入比作为风险承担变量对模型（1）至模型（6）进行回归（实证过程参见表 4 – 10 至表 4 – 14）。

表 4 – 10   风险承担（R&D）对企业绩效回归

变量	全样本		按企业性质分组		系数差异性检验
	模型（1）	模型（2）	模型（3）	模型（4）	
	ROA	ROA	国有	民营	
R&D	7.01e – 06***	6.27e – 06***	0.1754*	0.2435*	
State × R&D		0.0134			
State		– 0.0083***			
Size	0.00001***	0.00002***	0.0131***	0.0263***	
Fage	– 4.19e – 06**	– 4.91e – 06***	– 0.0199***	0.0100	
Lev	– 0.1420***	– 0.1420***	– 0.1230***	– 0.1829***	
HHI	– 0.0251***	– 0.026***	– 0.01615	– 0.0430*	
SGR	0.02***	0.0199***	0.0223***	0.0155***	
Dual	0.0068*	0.0058	0.0069	– 0.0058	
截距	0.0881***	0.0967***	0.1105***	0.1297***	
Qt_dum	控制	控制	控制	控制	F – statistic 9.46*** （p = 0.0001）
Ind_dum	控制	控制	控制	控制	
EUC_dum			控制		
ADJ – R²	0.2237	0.2259	0.2178	0.3295	
F	15.68	15.44	12.15	9.06	
N	3415	3415	2610	805	

注：***、**、*分别表示在 1%、5% 和 10% 的水平下显著。

表 4 – 10 实证结果表明企业研发投入比作为风险承担代理变量，风险承担与企业绩效存在显著的正相关关系，同时国有企业绩效显著低于民营企业，表4 – 10 第 3 列和第 4 列回归结果表明国有企业风险承担代理变量 R&D 对绩效的

影响与民营企业风险承担代理变量对绩效的影响存在显著性差异，F 统计值为 9.46，显著水平为 1%。

表 4 - 11   股权结构对企业绩效回归结果（年值）

变量	模型（1）	模型（2）	模型（3）	模型（4）	模型（5）
CR_1	0.0331 ***				
CR_5		0.0581 ***			
CR_10			0.0784 ***		
DR_5				4.43e − 06 ***	
DR_10					5.76e − 06 ***
State	− 0.0109 ***	− 0.0115 ***	− 0.0114 ***	− 0.0072 ***	− 0.0064 ***
Size	0.0001 ***	0.0001 ***	0.0001 ***	0.00002 ***	0.00002 ***
Fage	− 3.15e − 06	− 8.68e − 07	9.21e − 07	− 6.19e − 06 ***	− 6.45e − 06 ***
Lev	− 0.1404 ***	− 0.1371 ***	− 0.1345 ***	0.1439 ***	− 0.1438 ***
HHI	− 0.0301 ***	− 0.0262 ***	− 0.0246 ***	− 0.0249 ***	− 0.0240 ***
SGR	0.0197 ***	0.0195 ***	0.019 ***	0.0197 ***	0.0195 ***
Dual	0.0070 *	0.0066 *	0.006 *	0.005	0.0047
截距	0.0857 ***	0.0677 ***	0.0528 ***	0.0927 ***	0.0902 ***
Qt_dum	控制	控制	控制	控制	控制
Ind_dum	控制	控制	控制	控制	控制
ADJ − R^2	0.2291	0.2386	0.2505	0.2284	0.2314
F	15.92	16.73	17.78	15.86	16.11
N	3415	3415	3415	3415	3415

注：*** 、** 、* 分别表示在 1% 、5% 和 10% 的水平下显著。

表 4 - 12   中介效应检验——股权结构对企业绩效回归（年值）

变量	ROA				
	模型（1）	模型（2）	模型（3）	模型（4）	模型（5）
CR_1	0.0826 ***				
CR_5		0.1449 ***			
CR_10			0.1950 ***		

续表

变量	ROA				
	模型（1）	模型（2）	模型（3）	模型（4）	模型（5）
DR_5				0.0694 ***	
DR_10					0.0917 ***
State	− 0.1764 ***	− 0.1859 ***	− 0.1842 ***	− 0.1162 ***	0.1037 ***
Size	0.2812 ***	0.2511 ***	0.2285 ***	0.3193 ***	0.3212 ***
Fage	− 0.0316 *	− 0.0087	0.0092	− 0.0620 ***	− 0.0646 ***
Lev	− 0.4034 ***	− 0.3940 ***	− 0.3865 ***	− 0.4133 ***	− 0.4132 ***
HHI	− 0.0567 ***	− 0.0493 ***	− 0.0463 ***	− 0.0469 ***	− 0.0453 ***
SGR	0.1670 ***	0.1647 ***	0.1609 ***	0.1668 ***	0.1656 ***
Dual	0.1145 *	0.1069 *	0.1048 *	0.0810	0.0764
截距	− 0.2485 **	− 0.2447 **	− 0.2585 *	− 0.2306 **	− 0.2332 *
Qt_dum	控制	控制	控制	控制	控制
Ind_dum	控制	控制	控制	控制	控制
$ADJ - R^2$	0.2291	0.2386	0.2505	0.2284	0.2314
F	15.92	16.73	17.78	15.86	11.61
N	3415	3415	3415	3415	3415

注：*** 、** 、* 分别表示在 1% 、5% 和 10% 的水平下显著。

表 4 – 13   中介效应检验——股权结构对风险承担（R&D）回归（年值）

变量	R&D				
	模型（1）	模型（2）	模型（3）	模型（4）	模型（5）
CR_1	− 0.0168				
CR_5		− 0.0185			
CR_10			0.0023		
DR_5				0.0191	
DR_10					0.0323 *
State	− 0.1506 ***	− 0.1520 ***	− 0.1583 ***	− 0.1508 ***	− 0.1444 ***
Size	− 0.0169	− 0.0155	− 0.0242	− 0.0213	− 0.0201
Fage	− 0.1559 ***	− 0.1570 ***	− 0.1501 ***	− 0.1525 ***	− 0.1539 ***

续表

变量	R&D				
	模型 (1)	模型 (2)	模型 (3)	模型 (4)	模型 (5)
Lev	− 0. 0692 ***	− 0. 0699 ***	− 0. 0674 ***	− 0. 0682 ***	− 0. 0683 ***
HHI	− 0. 1077 ***	− 0. 1088 ***	− 0. 1081 ***	− 0. 1062 ***	− 0. 1051
SGR	− 0. 0033	− 0. 0031	− 0. 0036	− 0. 0039	− 0. 0044
Dual	0. 0648	0. 0671	0. 0683	0. 0636	0. 0607
截距	− 0. 2039 **	− 0. 2053 *	− 0. 2064 **	− 0. 2043 **	− 0. 2047 **
Qt_dum	控制	控制	控制	控制	控制
Ind_dum	控制	控制	控制	控制	控制
ADJ − R^2	0. 1948	0. 1949	0. 1946	0. 1949	0. 1955
F	13. 15	13. 15	13. 13	13. 16	13. 20
N	3415	3415	3415	3415	3415

注： *** 、 ** 、 * 分别表示在 1% 、 5% 和 10% 的水平下显著。

表 4 – 14　　　　中介效应检验——股权结构、风险承担 （R&D）
对企业绩效回归 （年值）

变量	ROA				
	模型 (1)	模型 (2)	模型 (3)	模型 (4)	模型 (5)
CR_1	0. 0834 ***				
CR_5		0. 1458 ***			
CR_10			0. 195 ***		
DR_5				0. 0685 ***	
DR_10					0. 0902 ***
R&D	0. 0476 ***	0. 0487 ***	0. 0460 ***	0. 0451 ***	0. 0434 ***
State	− 0. 1692 ***	− 0. 1785 ***	− 0. 1769 ***	− 0. 1094 ***	− 0. 0974 **
Size	0. 2820 ***	0. 2518 ***	0. 2297 ***	0. 3203 ***	0. 3221 ***
Fage	− 0. 0241	− 0. 0011	0. 0162	− 0. 0551 ***	− 0. 0579 ***
Lev	− 0. 4002 ***	− 0. 3906 ***	− 0. 3834 ***	− 0. 4103 ***	− 0. 4102 ***
HHI	− 0. 0516 ***	− 0. 0441 **	− 0. 0414 **	− 0. 0422 **	− 0. 0407 **
SGR	0. 1671 ***	0. 1648 ***	0. 1611 ***	0. 1670 ***	0. 1658 ***

续表

变量	ROA				
	模型（1）	模型（2）	模型（3）	模型（4）	模型（5）
Dual	0.1114*	0.1037*	0.1016*	0.0782	0.0738
截距	−0.2388**	−0.2347*	−0.249*	−0.2215*	−0.2243*
Qt_dum	控制	控制	控制	控制	控制
Ind_dum	控制	控制	控制	控制	控制
ADJ−R^2	0.2307	0.2403	0.2520	0.2298	0.2327
F	15.83	16.65	17.67	15.76	16.00
N	3415	3415	3415	3415	3415

注：***、**、*分别表示在1%、5%和10%的水平下显著。

表4-11至表4-14是R&D（企业研发投入比）年度值为风险承担代理变量的中介效应检验过程。所有变量均为年度值，并经过中心化处理后进入回归模型。股权结构对企业绩效影响显著，股权结构对风险承担回归过程中DR_10在10%水平下对企业绩效产生影响，股权结构、风险承担对企业绩效回归中股权结构及风险承担均显著，因此DR_10为风险承担与企业绩效的中介变量。根据温忠麟等（2004）判断，对CR_1，CR_5，CR_10，DR_5进行Sobel检验，$Z = (\hat{a}\hat{b})/s_{ab}$，$s_{ab} = \sqrt{\hat{a}^2 s_b^2 + s_a^2 \hat{b}^2}$。检验结果表明风险承担为CR_1，DR_5与企业绩效的中介变量。年度值实证结果与季度数据实证检验结论一致，发现企业风险承担与企业绩效正相关，企业的第一股东持股比例与企业风险承担呈现"U"型关系，股权制衡（DR_5，DR_10）与企业风险承担正相关，企业风险承担水平是股权结构与企业绩效的中介变量，结论与企业绩效波动衡量企业风险承担结论一致。

4.6.2 年度值检验

本章实证检验过程中选取季度数据进行分析，结论在年度数据中是否依然显著？首先利用年度风险承担（RiskT）以及年度R&D投入比（R&D/资产）作为风险承担替代变量进行分组比较，结果见表4-15。

表 4 – 15　　　民营企业与国有企业变量均值及中位数比较（年值）

变量	民营企业	国有企业	均值差异	民营企业	国有企业	中位数差异
RiskT	0.084	0.022	0.062 ***	0.066	0.017	932.678 ***
R&D	0.007	0.004	0.003 ***	0.000	0.000	4.217 **
ROA	0.074	0.068	0.006 ***	0.065	0.058	9.701 ***
CR_1	0.308	0.410	− 0.102 ***	0.285	0.414	256.009 ***
CR_5	0.445	0.529	− 0.084 ***	0.437	0.534	154.093 ***
CR_10	0.490	0.560	− 0.070 ***	0.493	0.563	95.098 ***
DR_5	1.608	1.387	0.221 ***	1.431	1.206	94.640 ***
DR_10	1.818	1.488	0.331 ***	1.562	1.288	102.649 ***
Fage	2.731	2.672	0.059 ***	2.745	2.700	11.395 ***
Lev	0.486	0.520	− 0.033 ***	0.498	0.530	14.604 ***
HHI	0.108	0.109	− 0.001	0.069	0.075	2.267
Size	3.390	3.857	− 0.467 ***	3.327	3.622	27.808 ***
SGR	0.201	0.195	0.006	0.135	0.140	0.074
Dual	0.119	0.060	0.059 ***	0.000	0.000	31.636 ***

注：*** 、** 、* 分别表示在1%、5%和10%的水平下显著。

　　表 4 – 15 表明国有企业的年度风险承担水平无论是在均值还是中位数检验均显著低于民营企业，以年度 R&D 投入比作为风险承担替代变量，同样表明国有企业的年度风险承担水平低于民营企业，结果显示无论是 RiskT 的年度值还是以 R&D 作为风险承担的代理变量，民营企业的风险承担均值及中位数均显著高于国有企业；民营企业 ROA，股权制衡（DR_5、DR_10）以及总经理董事长兼职情况（Dual）的均值和中位数在 1% 水平下显著高于国有企业；民营企业的股权集中（CR_1、CR_5、CR_10），企业的负债率（Lev）均值及中位数显著低于国有企业。

　　为进一步检验实证研究的稳定性，对模型（1）至模型（6）所涉及的变量均取年值进行验证。数据来源 Wind。实证结果见表 4 – 16 至表 4 – 19。

表 4-16　　　　　　　　风险承担（RiskT）对企业绩效回归（年值）

变量	全样本		按企业性质分组		系数差异性检验
	模型（1）	模型（2）	模型（3）	模型（4）	
	ROA	ROA	国有	民营	
RiskT	0.1633 ***	0.0946 ***	0.8724 ***	0.0965 ***	
State × RiskT		0.7669 ***			
State		-0.0209 ***			
Size	0.0146 ***	0.0151 ***	0.0137 ***	0.0262 ***	
Fage	-0.0148 ***	-0.0172 ***	-0.0235 ***	0.0112 ***	
Lev	-0.1356 ***	-0.1301 ***	-0.1202 ***	-0.1777 ***	
HHI	-0.0319 ***	-0.0359 ***	-0.0253 ***	-0.0549 **	
SGR	0.0199 ***	0.0198 ***	0.0219 ***	0.0151 ***	F - statistic
Dual	0.0049	0.0034	0.0029	-0.0063	60.32 ***
截距	0.0931 ***	0.0996 ***	0.0938 ***	0.1216 ***	(p = 0.0000)
Qt_dum	控制	控制	控制	控制	
Ind_dum	控制	控制	控制	控制	
EUC_dum			控制		
ADJ - R^2	0.2307	0.2571	0.2679	0.3416	
F	16.25	18.08	15.64	9.51	
N	3415	3415	2610	805	

注：*** 、** 、* 分别表示在1%、5%和10%的水平下显著。

表 4-16 实证结果表明 RiskT 年度值作为风险承担代理变量，风险承担与企业绩效存在显著的正相关关系，同时国有企业绩效显著低于民营企业，表4-16 中模型（3）和模型（4）回归结果表明国有企业风险承担对绩效的影响与民营企业风险承担对绩效的影响存在显著性差异，F 统计值为 60.32，显著水平为 1%。

表 4-17　　　　　中介效应检验——股权结构对企业绩效回归（年值）

变量	ROA				
	模型（1）	模型（2）	模型（3）	模型（4）	模型（5）
CR_1	0.0826 ***				
CR_5		0.1449 ***			

续表

变量	ROA				
	模型（1）	模型（2）	模型（3）	模型（4）	模型（5）
CR_10			0.1950 ***		
DR_5				0.0694 ***	
DR_10					0.0917 ***
State	−0.1764 ***	−0.1859 ***	−0.1842 ***	−0.1162 ***	0.1037 ***
Size	0.2812 ***	0.2511 ***	0.2285 ***	0.3193 ***	0.3212 ***
Fage	−0.0316 *	−0.0087	0.0092	−0.0620 ***	−0.0646 ***
Lev	−0.4034 ***	−0.3940 ***	−0.3865 ***	−0.4133 ***	−0.4132 ***
HHI	−0.0567 ***	−0.0493 ***	−0.0463	−0.0469 ***	−0.0453 ***
SGR	0.1670 ***	0.1647 ***	0.1609 ***	0.1668 ***	0.1656 ***
Dual	0.1145 *	0.1069 *	0.1048 *	0.0810	0.0764
截距	−0.2485 **	−0.2447 **	−0.2585 *	−0.2306 **	−0.2332 *
Qt_dum	控制	控制	控制	控制	控制
Ind_dum	控制	控制	控制	控制	控制
$ADJ-R^2$	0.2291	0.2386	0.2505	0.2284	0.2314
F	15.92	16.73	17.78	15.86	11.61
N	3415	3415	3415	3415	3415

注：***、**、*分别表示在1%、5%和10%的水平下显著。

表4－18 中介效应检验——股权结构对风险承担（**RiskT**）回归（年值）

变量	RiskT				
	模型（1）	模型（2）	模型（3）	模型（4）	模型（5）
CR_1	−0.0162				
CR_5		−0.0259			
CR_10			−0.0201		
DR_5				0.0303	
DR_10					0.0157
State	−1.0578 ***	−1.0566 ***	−1.0602 ***	−1.063 ***	−1.0601 ***
Size	−0.0106	−0.0058	−0.0082	−0.0162	−0.0157
Fage	0.0011	−0.0028	−0.0009	0.0059	0.0054
Lev	−0.1057 ***	−0.1076 ***	−0.1069 ***	−0.1041 ***	−0.1042 ***
HHI	0.0343 **	0.0330 **	0.0330 **	0.0340 **	0.0346 **
SGR	0.0139	0.0143	0.0144	0.0136	0.0134

续表

变量	RiskT				
	模型（1）	模型（2）	模型（3）	模型（4）	模型（5）
Dual	0.1220 **	0.1235 **	0.1245 **	0.1244 **	0.1230 **
截距	0.7545 ***	0.7529 ***	0.7540 ***	0.7535 ***	0.7537 ***
Qt_dum	控制	控制	控制	控制	控制
Ind_dum	控制	控制	控制	控制	控制
ADJ – R²	0.3040	0.3042	0.3040	0.3038	22.86
F	22.87	22.90	22.88	22.86	0.3039
N	3415	3415	3415	3415	3415

注：***、**、*分别表示在1%、5%和10%的水平下显著。

表 4 - 19　　　　　中介效应检验——企业绩效对股权结构、
风险承担（**RiskT**）回归（年值）

变量	ROA				
	模型（1）	模型（2）	模型（3）	模型（4）	模型（5）
CR_1	0.0773 ***				
CR_5		0.1399 ***			
CR_10			0.1910 ***		
DR_5				0.0641 ***	
DR_10					0.0856 ***
RiskT	0.1409 ***	0.1431 ***	0.1433 ***	0.1394 ***	0.1387 ***
State	− 0.0213	− 0.0298	− 0.0289	0.0331	0.0442
Size	0.2830 ***	0.2536 ***	0.2312 ***	0.3183 ***	0.3202 ***
Fage	− 0.0408 **	− 0.0162 **	0.0031	− 0.0698 ***	− 0.0721 ***
Lev	− 0.3957 ***	− 0.3846 ***	− 0.3759 ***	− 0.4054 ***	− 0.4052 ***
HHI	− 0.0592 ***	− 0.0527 ***	− 0.0501 ***	− 0.0498 ***	− 0.0482 ***
SGR	0.1656 ***	0.1632 ***	0.1594 ***	0.1656 ***	0.1644 ***
Dual	0.0935	0.0869	0.0851	0.0626	0.0582
截距	− 0.3701 **	− 0.3640 **	− 0.3745 **	− 0.3540 **	− 0.2243 *
Qt_dum	控制	控制	控制	控制	控制
Ind_dum	控制	控制	控制	控制	控制
ADJ – R²	0.2436	0.2524	0.2638	0.2429	0.2456
F	16.89	17.66	18.68	16.84	17.07
N	3415	3415	3415	3415	3415

注：***、**、*分别表示在1%、5%和10%的水平下显著。

表 4 - 17 至表 4 - 19 是 RiskT 年度值为风险承担代理变量的中介效应检验过程。所有变量均为年度值，并经过中心化处理后进入回归模型。股权结构对企业绩效影响显著，股权结构对风险承担回归系数均不显著，股权结构、风险承担对企业绩效回归中股权结构及风险承担均显著。因此，根据温忠麟等（2004）判断，对 CR_1，CR_5，CR_10，DR_5，DR_10 进行 Sobel 检验，$Z = (\hat{a}\hat{b})/s_{ab}$，$s_{ab} = \sqrt{\hat{a}^2 s_b^2 + s_a^2 \hat{b}^2}$。检验结果表明风险承担为 CR_1，DR_5，DR_10 与企业绩效的中介变量。实证结果与季度数据实证检验以及 R&D 为风险承担代理变量检验结论一致，国有企业和民营企业风险承担水平存在显著差异，企业风险承担（RiskT）是股权结构（CR_1、DR_5、DR_10）与企业绩效的中介变量，并未改变季度数据及年度 R&D 为风险承担替代变量的结论结果稳定。

利用模型（1）至模型（6）所有变量的年度观测值检验股权结构与企业风险承担（见表 4 - 20），同样发现 CR_1 与企业风险承担存在非线性关系，股权制衡（DR_5、DR_10）有利于提高企业风险承担水平。

表 4 - 20　　　　　　股权结构对风险承担（RiskT）回归（年值）

变量	模型（1）	模型（2）	模型（3）	模型（4）	模型（5）	模型（6）
CR_1	- 0.0037 **			- 0.0017 **		
SQCR_1				0.0068 ***		
CR_5		- 0.0006				
CR_10			0.0018			
DR_5					0.0009 *	
DR_10						0.0010 **
State	- 0.0026 ***	- 0.0028 ***	- 0.0028 ***	- 0.0026 ***	- 0.0026 ***	- 0.0025 ***
Size	- 0.0003	- 0.0005 *	- 0.0006 *	- 0.0002	- 0.0005 **	- 0.0004 *
Fage	- 0.0071 ***	- 0.0065 ***	- 0.0061 ***	- 0.0070 ***	- 0.0065 ***	- 0.0066 **
Lev	- 0.0059 ***	- 0.0056 ***	- 0.0053 ***	- 0.0059 ***	- 0.0056 ***	- 0.0055 ***
HHI	- 0.0098 ***	- 0.0099 ***	- 0.0098 ***	- 0.0099 ***	- 0.0097 ***	- 0.0096 ***
SGR	0.0001	0.0001	0.0001	0.0001	0.0001	0.0001
Dual	0.0008	0.0009	0.0010	0.0008	0.0009	0.0010
截距	0.0287 ***	0.0266 ***	0.0242 ***	0.0275 ***	0.0249 ***	0.0247 ***

续表

变量	模型（1）	模型（2）	模型（3）	模型（4）	模型（5）	模型（6）
Qt_dum	控制	控制	控制	控制	控制	控制
Ind_dum	控制	控制	控制	控制	控制	控制
ADJ – R^2	0.1300	0.1289	0.1292	0.1299	0.1296	0.1303
F	8.49	8.42	8.43	8.37	8.46	8.51
N	3415	3415	3415	3415	3415	3415

注：***、**、*分别表示在1%、5%和10%的水平下显著。

4.7 内生性检验

在公司治理研究的过程中变量内生性问题一直困扰实证研究。自变量对因变量的促进效应（Interacting effect），同时也可能产生因变量对自变量的反馈效应（Feedback Effect），若这两种影响效应存在不同时期，产生跨期的相互作用，称为"跨期内生性"（Interteporal Endogeneity）。固定效应模型的广为应用能够消除不可观察的异质性而产生的变量内生性问题，若变量存在动态跨期性问题，此时应用固定效应模型的估计有偏。为检验股权结构与企业风险承担、风险承担与企业绩效以及股权结构与企业绩效之间是否存在内生性分别采取温托吉等（Wintoki et al.）的方法和伍德里奇（Wooldridge）使用的方法，相比较而言伍德里奇方法更为严格。模型分别为如下：

$$y_{it} = \alpha + \beta_1 x_{it-1} + \varepsilon_{it} \tag{7}$$
$$\Delta y_{it} = \alpha + \beta_1 x_{it-1} + \varepsilon_{it} \tag{8}$$
$$y_{it} = \alpha + \beta_1 x_{it} + \beta_2 x_{it+1} + \eta_i + \varepsilon_{it} \tag{9}$$

其中，模型（7）和模型（8）采用温托吉的方法进行检验，Δy_{it}和y_{it}表示股权结构和风险承担，X_{it-1}分别表示为风险承担和企业绩效，表4–21和表4–23采用模型（7）和模型（8）检验；模型（9）采用伍德里奇检验方法进行内生性检验，y_{it}为被解释变量，检验过程中分别表示$RiskT_{it}$、ROA_{it}，X_{it}、X_{it-1}、X_{it+1}为解释变量及控制变量，η_{it}为个体效应，ε_{it}为随机误差项，表4–22和表4–24采用模型（9）检验。

表 4－21　股权结构与风险承担内生性检验（1）

变量	CR_1_{it}	$SQCR\_1_{it}$	CR_5_{it}	CR_10_{it}	DR_5_{it}	DR_10_{it}	ΔCR_1	$\Delta SQCR\_1$	ΔCR_5	ΔCR_10	ΔDR_5	ΔDR_10
$RiskT_{it-1}$	-0.1	-0.04	0.03	0.12	1.06	1.31	0.00	-0.00	-0.00	-0.00	0.00	0.01
T	-2.4	-1.34	0.80	2.96	6.01	5.88	0.11	-0.03	-0.06	-0.00	0.09	0.10
$State_{it-1}$	0.1	0.05	0.06	0.04	-0.13	-0.20	0.00	0.00	0.00	0.00	0.00	0.00
T	17.5	16.98	15.44	11.48	-9.61	-11.18	0.51	-0.13	1.02	1.02	0.39	0.32
$Size_{it-1}$	0.04	0.04	0.06	0.06	-0.04	-0.05	0.00	0.00	0.00	-0.00	-0.00	-0.00
T	47.68	44.49	55.34	52.74	-11.8	-13.69	1.88	1.02	0.59	-1.03	-1.65	-2.74
$Fage_{it-1}$	-0.14	-0.11	-0.17	-0.17	0.06	0.10	0.01	0.01	0.00	0.00	-0.00	-0.01
T	-36.69	-33.47	-45.1	-45.36	4.84	6.32	8.23	7.70	3.78	1.63	-1.88	-2.23
Lev_{it-1}	-0.10	-0.08	-0.12	-0.11	0.06	0.09	-0.00	-0.00	0.00	0.01	0.01	0.03
T	-13.99	-14.44	-17.41	-17.38	2.62	3.14	-0.79	-0.25	0.73	2.04	1.97	2.72
HHI_{it-1}	0.01	0.02	-0.03	-0.04	-0.07	-0.07	0.00	0.00	-0.00	-0.00	-0.00	-0.00
T	1.54	2.35	-3.81	-4.34	-1.59	-1.35	2.24	0.67	-0.04	-0.02	-0.37	-0.15
SGR_{it-1}	0.01b	0.01	0.01	0.02	-0.00	0.01	-0.00	-0.00	0.00	0.00	-0.01	0.00
T	2.24	2.73	3.19	5.71	-0.03	1.52	-0.61	-0.76	-0.30	0.94	1.91	7
$Dual_{it-1}$	-0.03	-0.02	-0.01	-0.00	0.05	0.08	-0.00	-0.00	-0.00	-0.00	-0.00	-0.00
T	-6.88	-8.02	-2.09	-0.89	3.61	4.35	-0.12	-0.21	-0.53	-0.28	-0.39	-0.21
R^2	0.26	0.26	0.31	0.28	0.06	0.07	0.01	0.01	0.00	0.00	0.00	0.00

表 4 – 22   股权结构与风险承担内生性检验（2）

变量	RiskT$_{it}$					
	股权集中			股权制衡		
CR_1$_{it}$	− 0.005					
SQCR_1$_{it}$		− 0.003				
CR_5$_{it}$			− 0.001			
CR_10$_{it}$				0.002		
DR_5$_{it}$					0.003	
DR_10$_{it}$						0.001
Size$_{it}$	− 0.004 ***	− 0.004 ***	− 0.004 ***	− 0.004 ***	− 0.004 ***	− 0.004 ***
Fage$_{it}$	0.023	0.022	0.021	0.022	0.021	0.021
Lev$_{it}$	0.016 ***	0.016 ***	0.016 ***	0.016 ***	0.016 ***	0.016 ***
HHI$_{it}$	− 0.015 ***	− 0.015 ***	− 0.015 ***	− 0.015 ***	− 0.015 ***	− 0.015 ***
SGR$_{it}$	0.000	0.000	0.000	0.000	0.000	0.000
Dual$_{it}$	0.000	0.000	0.000	0.001	0.000	0.001
CR_1$_{it+1}$	0.005					
SQCR_1$_{it+1}$		0.003				
CR_5$_{it+1}$			− 0.004			
CR_10$_{it+1}$				− 0.001		
DR_5$_{it+1}$					− 0.002	
DR_10$_{it+1}$						− 0.001
Size$_{it+1}$	− 0.000	− 0.000	0.0001	− 0.000	− 0.000	− 0.000
Fage$_{it+1}$	− 0.010	− 0.009	− 0.009	− 0.009	− 0.008	− 0.009
Lev$_{it+1}$	− 0.006	− 0.006	− 0.006	− 0.006	− 0.006	− 0.006
HHI$_{it+1}$	− 0.015 ***	− 0.015 ***	− 0.015 ***	− 0.015 ***	− 0.015 ***	− 0.015 ***
SGR$_{it+1}$	− 0.000	− 0.000	− 0.000	− 0.000	− 0.000	− 0.000
Dual$_{it+1}$	0.002	0.002	0.002	0.000	0.000	0.001

注：*** 、** 、* 分别表示在 1%、5% 和 10% 的水平下显著。

表 4 –21 和表 4 – 22 检验结果表明模型（1）系数 β$_1$（CR_1、CR_10、DR_5、DR_10）显著不为零，但模型（2）以及较为严格外生性检验模型（3）均表明 β$_1$ 以及 β$_2$ 显著为零，说明股权结构与企业风险承担水平之间不存在动

态内生性问题，即股权结构与企业风险承担水平不会产生动态跨期影响。

表 4 - 23　　风险承担与企业绩效、股权结构与企业绩效内生性检验（1）

变量	$RiskT_{it}$	$\Delta RiskT_{it}$	CR_1_{it}	$SQCR\_1_{it}$	CR_5_{it}	CR_10_{it}	DR_5_{it}	DR_10_{it}
ROA_{it-1}	0.08	− 0.03	0.18	0.14	0.31	0.46	0.26	0.57
T	11.16	− 11.17	6.16	5.52	10.91	16.03	2.69	4.76
$State_{it-1}$	− 0.05	− 0.00	0.07	0.05	0.06	0.04	− 0.19	− 0.27
T	− 67.28	− 0.91	26.29	24.72	21.22	14.23	− 18.04	− 19.93
$Size_{it-1}$	− 0.00	0.00	0.04	0.04	0.05	0.05	− 0.04	− 0.06
T	− 8.79	3.74	47.68	41.78	50.99	47.35	− 12.47	− 14.79
$Fage_{it-1}$	0.00	− 0.00	− 0.14	− 0.10	− 0.16	− 0.17	0.07	0.12
T	5.39	− 5.42	− 36.19	− 32.83	− 44.3	− 44.44	5.28	6.90
Lev_{it-1}	− 0.02	− 0.00	− 0.08	− 0.07	− 0.09	− 0.09	0.05	0.10
T	− 10.13	− 2.08	25	− 12.08	− 13.55	− 12.24	2.32	3.43
HHI_{it-1}	− 0.004	− 0.00	0.01	0.01	− 0.03	− 0.04	− 0.07	− 0.07
T	− 1.78	− 0.19	2.01	2.77	− 3.21	− 3.63	− 1.63	− 1.30
SGR_{it-1}	0.00	0.00	0.00	0.004	0.00	0.01	− 0.00	− 0.01
T	0.21	2.55	0.92	1.55	1.01	2.52	− 0.35	0.75
$Dual_{it-1}$	0.001	0.00	− 0.03	− 0.02	− 0.01	− 0.00	0.06	− 0.13
T	6.87	2.73	− 7.37	− 8.41	− 2.39	− 1.19	4.10	− 8.95
R^2	0.49	0.04	0.27	0.26	0.31	0.29	0.05	0.05

表 4 - 24　　风险承担与企业绩效、股权结构与企业绩效内生性检验（2）

变量	ROA				
	RiskT	股权结构			
CR_1_{it}	− 0.017				
$SQCR\_1_{it}$		− 0.018			
CR_5_{it}			0.048 ***		
CR_10_{it}				0.056 ***	
DR_5_{it}					0.014 ***

变量	ROA						
	RiskT	股权结构					
DR_10$_{it}$							0.013 ***
RiskT$_{it}$	0.99 ***						
Size$_{it}$	−0.010 ***	−0.011 ***	−0.011 ***	−0.013 ***	−0.013 ***	−0.012 ***	−0.012 ***
Fage$_{it}$	−0.255 ***	−0.253 ***	−0.252 ***	−0.258 ***	−0.242 ***	−0.255 ***	−0.250 ***
Lev$_{it}$	0.030 ***	0.034 ***	0.034 ***	0.034 ***	0.035 ***	0.036 ***	0.037 ***
HHI$_{it}$	0.020 ***	0.020 ***	0.021 ***	0.020 ***	0.018 **	0.019 ***	0.019 **
SGR$_{it}$	0.017 ***	0.017 ***	0.017 ***	0.017 ***	0.017 ***	0.018 ***	0.018 ***
Dual$_{it}$	0.007 **	0.005	0.005	0.005	0.005	0.005	0.005
CR_1$_{it+1}$		0.030 ***					
SQCR_1$_{it+1}$			0.025 ***				
CR_5$_{it+1}$				−0.012			
CR_10$_{it+1}$					−0.009		
DR_5$_{it+1}$						−0.010 ***	
DR_10$_{it+1}$							−0.008 ***
RiskT$_{it+1}$	−0.902 ***						
Size$_{it+1}$	0.0192 ***	0.019 ***	0.020 ***	0.021 ***	0.020 ***	0.021 ***	0.021 ***
Fage$_{it+1}$	0.248 ***	0.250 ***	0.248 ***	0.261 ***	0.248 ***	0.251 ***	0.246 ***
Lev$_{it+1}$	−0.120 ***	−0.127 ***	−0.127 ***	−0.126 ***	−0.125 ***	−0.128 ***	−0.128 ***
HHI$_{it+1}$	0.013 **	0.010	0.010	0.009	0.009	0.010	0.010
SGR$_{it+1}$	0.000	−0.00	−0.00	−0.000	−0.000	−0.000	−0.000
Dual$_{it+1}$	−0.008 **	−0.007 *	−0.007 *	−0.007 *	−0.007 *	−0.007 *	−0.007 *

注：*** 、** 、* 分别表示在1%、5%和10%的水平下显著。

表4−23第1列和第2列采用模型（1）和模型（2）检验风险承担与企业绩效内生性关系，表4−24第1列采用模型（3）检验风险承担与企业绩效内生性，检验结果表明企业的风险承担水平与企业绩效存在跨期内生性。表4−23第3列至第8列及表4−25采用模型（1）和模型（2）检验股权结构与企业绩效内生性关系，表4−24第2列至第7列采用模型（3）检验股权结构与企业绩效内生性关系。检验结果表明股权集中度第一大股东持股比例（CR_1）、第一股东持股比例平方（SQCR_1），股权制衡度DR_5和DR_10均与企业绩效存在内生性关系。

表 4 - 25　　　　　　　股权结构与企业绩效内生性检验

变量		ΔCR_1_{it}	$\Delta SQCR\_1_{it}$	ΔCR_5_{it}	ΔCR_10_{it}	ΔDR_5_{it}	ΔDR_10_{it}	$\Delta Size_{it}$	$\Delta Fage_{it}$	ΔLev_{it}	ΔHHI_{it}	ΔSGR_{it}	$\Delta Dual_{it}$
ROA_{it-1}		0.01	0.01	-0.01	-0.04	-0.24	-0.165	0.162	0.012	-0.07	-0.00	-0.43	-0.04
	T	3.57	3.44	-2.31	-4.25	-5.59	-5.20	6.07	8.78	-7.86	-0.62	-5.74	-1.40

根据温托吉等的方法和伍德里奇提出的检验方法，检验股权结构与企业风险承担、风险承担与企业绩效是否存在内生性关系。检验结果发现股权结构（CR_1、CR_5、CR_10、DR_5、DR_10）与企业风险承担水平之间不存在内生性关系，即股权结构与企业风险承担水平不会产生动态跨期影响；风险承担与企业绩效存在内生性关系。自变量对因变量的促进效应，同时也可能产生因变量对自变量的反馈效应，若这两种影响效应存在不同时期，产生跨期的相互作用，称为"跨期内生性"。为检验风险承担与企业绩效的内生性关系是否是跨期内生性，采用动态面板 GMM 方法估计，检验结果见表 4 – 26。

表 4 – 26　　　　　　　　　　风险承担对企业绩效 GMM 回归

变量	模型（1）		模型（2）
	ROA		RiskT
ROA（-1）	0.006	RiskT（-1）	0.460 ***
ROA（-2）	0.019	RiskT（-2）	0.073
ROA（-3）	0.247 ***	RiskT（-3）	0.899 ***
ROA（-4）	0.543 ***	RiskT（-4）	-0.398 *
RiskT	0.255 ***	ROA	0.010
State	0.042		-0.003
Size	-0.007		-0.001
Fage	0.006		-0.001
Lev	-0.042		-0.009
HHI	-0.012		-0.005
Dual	0.007		0.004
SGR	0.046		0.016
截距	-0.003		0.005
Qt_dum	控制		控制
AR（1）检验	0.608		0.044
AR（2）检验	0.124		0.447
Hansen 检验	0.265		0.618

注：*** 、** 、* 分别表示在 1%、5% 和 10% 的水平下显著。

模型（1）检验结果表明风险承担对企业绩效存在促进效应，模型（2）

检验结果显示企业绩效并未对企业风险承担产生反馈效应。

通过对变量检验发现股权结构与风险承担不存在内生性关系，股权结构单向影响企业风险承担水平；风险承担水平与企业绩效存在内生性关系，本章的实证数据表明风险承担水平影响企业绩效，企业绩效并未对企业风险承担水平产生反馈作用，二者跨期动态作用是单方向的而非相互的影响。因此，在考虑内生性及跨期影响的条件下，本章实证结论风险承担水平为股权结构与企业绩效的中介变量是稳定的。

4.8 本章小结

通过股权结构对风险承担影响，风险承担对企业绩效以及股权结构与企业绩效的实证检验发现：（1）股权集中度与风险承担存在"U"型关系，股权集中度较低时，企业风险承担水平较低，不利于提升企业的绩效，当股权集中度高于临界值时，企业风险承担水平提高，能改善企业绩效。（2）股权制衡与企业风险承担正相关，企业股权制衡度越高企业风险承担水平越高，有利于提升企业的绩效。（3）风险承担与企业绩效正相关，风险承担水平越高，企业的绩效越高，体现高风险高收益，同时国有企业与民营企业在风险承担的水平上存在显著性差异，民营企业的风险承担水平高于国有企业的风险承担水平。（4）股权结构对企业绩效的影响并非直接影响，风险承担是股权结构（股权集中度与股权制衡度）与企业绩效关系的中介变量，影响二者之间的关系。股权集中与股权制衡在同一企业中本身就是一对矛盾体，股权越集中，股权制衡越差；股权制衡越高，股权集中越差。因此，可以推理当股权集中度与风险承担的负相关程度超过股权制衡风险承担的正相关程度，股权集中度与企业绩效负相关，反之则是正相关；同样当股权制衡与风险承担的关系远大于股权集中与风险承担的关系，股权制衡则有利于企业绩效的提升，反之则股权制衡不利于企业绩效的提升。研究以风险承担为中介变量从实证角度解释为什么现有文献在研究股权集中与企业绩效，股权制衡与企业绩效上会存在结论的差异性。（5）民营企业和国有企业在股权结构上存在显著地差异性，民营企业的股权制衡度高于国有企业的股权制衡度，民营企业的股权集中度低于国有企业的股权集中度，从表 4-2 可知民营企业和国有企业的风险承担水平的差异性原因之一则是两类性质企业的股权结构不同，而风险承担与企业绩效存在正相关，因此股权结构与企业绩效间的关系受到风险承担的影响。本章实证研究也表明在 2006～2012 年的样本中，国有企业绩效低于民营企业绩效，风险承担是影响因素之一。（6）在样本中，国有企业的股权集中度高于民营企业的股权集中度，国有企业的绩效低于民营企业绩效，并不意味提高国有企业的绩效必须提高股权制衡度，采取混合所有制，股权多元化，提高股权制衡度。考虑到国有企业在国民经济中的重要性，一些战略行业，关系国家安全的领域，也可以采取股权集中提高风险承担水平。在股权结构与企业风险承担的回归中，我们还发现第一股东持股比例与企业风险承担存在非线性关系，当第一股东持股比例低于临界点时股权集中与风险承担呈负相关关系，当持股比例超过临界值后二者呈现正相关关系，因此股权集中也可以提高风险承担水平，提高企业绩效。对于竞争性行业领域可以通过股权结构多元化、混合所有制提高股权制衡度，提高企业绩效。

面对如何提高国有企业绩效的问题，实务界和学术界观点各异，并未取得一致性结论。本章从风险承担的视角研究企业股权结构与企业绩效关系。本章研究结论发现企业风险承担水平是股权结构与企业绩效二者之间的中介变量，无论是股权集中还是股权制衡，对企业绩效的影响并非是直接的，而是影响到企业的风险承担水平。因此，在国有企业的改革过程中，不仅需要关注具体的股权结构，同时也需要关注股权结构与企业绩效的中间变量。本章的研究丰富了股权结构与企业绩效间关系研究的文献。本研究还发现第一股东持股比例与企业风险承担存在非线性关系，当持股比例低于临界点时承担风险水平较低，当持股比例高于临界点时风险承担水平提高，表明股权集中度亦可以改善企业风险承担水平，同样说明无论是股权集中还是股权制衡都对企业绩效存在正向影响。当第一股东持股低于临界点时，股权制衡和股权集中（CR_1）对风险承担的力量是相反的，当第一股东持股比例高于临界点时，股权制衡和股权集中（CR_1）与风险承担的力量是同向的。股权集中和股权制衡是一对矛盾体，在企业的改革过程中需要适度把握。因此，在国有企业改革过程中对于战略性行业及关系国计民生的公益类企业，高度集中地股权亦可以提高企业的风险承担水平，进而提高企业绩效；对于竞争类的国有企业通过混合所有制改革实现股权结构多元化，提高企业的股权制衡能力，进而提升企业的绩效。本章研究结论显示民营企业绩效整体高于国有企业，相比较民营企业而言国有企业绩效对风险承担的敏感性更高，因此有效提高国有企业的风险承担水平能够提高国有企业绩效，缩小与民营企业的绩效差异。

第 5 章

管理层激励、风险承担与企业绩效

5.1 问 题 提 出

公司绩效是企业管理层基于决策权力对企业投入要素进行配置的结果,股权结构是剩余控制权和剩余索取权的基础,管理层决策权力来源,不同的股权结构对管理层的决策行为产生不同的结果,因此会产生不同的治理效率和企业绩效。第 4 章探讨股权结构对企业风险承担及企业绩效的影响,如果股权结构是企业所有者实现企业控制的工具和手段,管理层则是运用工具和手段实现企业所有者意图的执行人,相比较第 4 章股权结构以及第 3 章产权性质等客观性较强的研究对象,管理层的主观意识更为强烈,特别是现代公司制企业产生和发展,企业所有权和控制权分离,所有者和管理层风险态度的差异使得管理层行为不仅影响到企业的绩效,同样会影响到企业的风险承担。管理层激励、风险承担与企业绩效关系的探讨是本书对风险承担问题进行进一步深化研究的问题。

5.2 文献回顾与假设

现代公司制企业最为显著的特点是企业所有权和控制权相分离,企业的所有者和企业的管理层不再统一于一身。管理层和企业所有者风险态度的差异使得管理层的决策行为并非基于企业所有者利益进行,管理层受到职业生涯和在职消费等个体利益的因素制约,管理层和企业所有者利益不一致,可能放弃高风险但价值较好的项目，因此相比较所有者管理层风险规避倾向更大。风险与收益正相关，管理层和股东的风险偏好不一致造成二者利益的冲突，影响企业的绩效或损害了公司价值，导致管理层不愿承担风险所带来的代理问题（张瑞君等，2013）。因此，管理层需要激励约束机制避免因其风险规避而带来的绩效损失。

如何解决管理层风险偏好问题？经过理论和实践的大量探讨，发现主要通过实施管理层激励计划，来降低管理层和股东利益冲突。较为常见的激励方式有货币薪酬激励，管理层持股激励及在职消费和晋升激励。

5.2.1 管理层持股与风险承担

股权激励近些年来在美国等西方发达国家得到广泛应用，截至 2010 年美国 500 强企业 CEO 总报酬中 30% 源于股票期权产生的收益，其实质将企业管理层的收益与企业价值相关，管理层收益变成公司价值的增函数，降低企业所有者与管理层的利益分歧。股票期权可以改变管理层风险偏好，使管理层适度承担风险（Hall and Liebman，1998）。罗斯（Ross，2004）认为管理层激励也能改变其风险偏好，增加企业价值。股权激励与风险承担行为正相关，促使管理层提升业绩，增加企业价值。施瓦拉姆等（Shivaram et al.，2002）运用行业数据（石油、天然气）实证发现股权激励有助于企业研发投入（高风险），间接说明股权激励有助于管理层风险承担。娄（Low，2009）在并购特定环境下研究股权激励越高，企业承担风险越高，管理层风险规避程度下降，承担风险能力增强。陈等（Chen et al.，2006）以银行企业为样本研究得到股权激励越多风险承担水平越高。科尔斯（Coles et al.，2006）研究认为较高的 Vega会提高管理层采取高风险决策可能，如加大 R&D 投入，降低资本支出，提高集中经营和提高财务杠杆。帕里诺等（Parrino et al.，2005）研究表明股票期权与限制性股票相比较对管理层风险承担的激励作用更为明显。温伯格和津巴（Kouwenberg and Ziemba，2007）以基金公司为研究样本得到的结论是：若高管的资产不超过 30% 时，股权激励能够提高管理层风险承担水平，增加高风险投资；当超过 30% 时，风险承担水平下降。阿加瓦尔和曼德尔克（Agarwal and Mandelker，1987）认为股权激励能够促使管理层和股东利益趋于一致，共同承担风险。托西和戈麦斯－梅希亚（Tosi and Gomez－Mejia，1989）认为股权激励能够降低风险规避管理层和风险中性股东二者之间的冲突。加尔布雷思和美林（Galbraith and Merrill，1991）、桑德斯等（Saunders et al.，1990）、希尔和斯内尔（Hill and Snell，1988）研究发现管理层在所在的企业没有持股，相比较持股的管理层而言承担风险的意愿更小。帕尔默和威斯曼（Palmer and Wiseman，1999）研究发现公司内持股的管理层风险承担水平要比非持股管理层更强，其研究结论比阿加瓦尔和曼德尔克（Agarwal and Mandelker，1987）、加尔布雷思和梅里尔（Galbraith and Merrill，1991）、桑德斯等（Saunders et al.，1990）、希尔和斯内尔（Hill and Snell，1988）所涉及的样本包含行业更为广泛，后者研究仅涉及银行或者高科技企业。桑德斯等（Saunders et al.，1990）研究表明当管理层持股增加时，管理层与企业所有者趋同，管理层获取企业收益获取权增加，管理层有足够动力采取风险决策，因此，基于此提出以下假设：

H1：管理层持股有利于提高企业风险承担水平。

5.2.2　货币薪酬与风险承担

2006 年 1 月 1 日正式施行上市公司股权激励管理办法，但是在操作过程中企业管理层激励仍然以薪酬激励为主，管理层持股和股权激励更多的是辅助性工具。在本书理论基础部分已有文献表明货币薪酬能够提高企业绩效。相比较股票期权激励更关注企业的长远价值而言，企业在货币薪酬的短期效应更为明显，而研发等创新投入带来的成果短期内并不能显现，为避免货币薪酬短期效应带来的弊端，《中央企业负责人薪酬管理暂行办法（2004）》第 12 条规定，"绩效薪金的 60% 在年度考核结束后当期兑现，其余 40% 延期兑现"；第 13 条规定，"延期兑现收入与企业负责人任期资产经营考核结果挂钩"。《中央企业负责人经营业绩考核暂行办法（2009）》第 14 条规定，"任期经营业绩考核以三年为考核期"。[①] 企业的薪酬兑现计划不仅关注短期效果，更加注重企业长期价值提升，通过延期兑现和任期考核激发企业管理层支持高风险创新项目，更加符合创新规律，避免管理层因个体利益而放弃有益企业价值提升的高风险项目。唐清泉和甄丽明（2009）研究发现薪酬激励与风险较高 R&D 投入显著正相关，短期激励比长期激励更有效，我国企业管理层最为关注的是短期报酬，而长期激励对 R&D 投入并无显著影响。基于以上分析，提出以下假设：

---

① 来源中华人民共和国政府网站（http：//www.gov.cn/flfg/2013 - 02/01/content_2324949.htm）。

H2：货币薪酬有利于提高企业风险承担水平。

5.2.3 不同所有制企业管理层激励对风险承担影响差异

伴随着国有企业改革的深入，国有企业逐渐成为市场经济的主体，市场竞争力得到提高，国有企业行政色彩逐渐淡化，国有企业的监管层意识到单纯的政治激励并不能有效激励国有企业管理层的积极性。监管层在 2006 年启动国有企业股权激励政策，这一政策的出台促进国有企业管理层更加关注国有企业长期价值增加，已有的文献研究表明股权激励有利于企业提高风险承担水平，因此，国有企业启动股权激励计划对国有企业风险承担水平的提高有正面影响。国有企业的管理者多为政府官员，其薪酬受行政级别制约，经济激励难以发挥良好的作用，而良好的激励机制可以激励管理层选择更多有价值的风险性投资机会，改善风险承担水平。相比较民营企业的管理层，国有企业的管理层具有双重属性——政治属性和经济属性。国有企业不仅具有经济职能，同时国有企业的政策性负担较为严重，社会影响较大。因此，国有企业的管理层在经营国有企业的过程中不仅要考虑企业的盈利问题，同时还需要考虑企业的社会影响及其对政治的影响；另外，国有企业的管理者具有经济属性和政治属性，国有企业管理层个体不仅有经济利益目标同时具有政治诉求。为了满足上级政府官员的考核目标，实现资产保值增值的要求，国有企业的管理者更偏好规避风险，在决策中风险承担水平较低，对于高风险预期净现值为正投资项目往往表现出保守的倾向，使国有企业实现政治家的政治目标和社会稳定职能。同时稳定在经济发展的重要性不言而喻，稳定的基调使得具有政治属性国有企业管理层从其自身利益考虑，获得职务的晋升激励，使得他们有足够动力确保个体收益不受到损失，更多地采取保守型经营，会选择规避风险性较高的预期净现值大于零项目，降低风险承担。基于以上分析本书认为管理层持股激励与货币薪酬激励虽然都能够提高企业风险承担水平，但是受到企业所有制属性的制约，管理层持股与货币薪酬对民营企业风险承担水平影响更高，即管理层持股激励和货币薪酬激励对国有企业和民营企业风险承担水平的影响存在差异。因此提出以下假设：

H3：国有企业管理层货币薪酬激励对风险承担影响敏感性低于民营企业管理层货币薪酬对风险承担的影响。

H4：国有企业管理层持股激励对风险承担影响敏感性低于民营企业管理

层持股激励对风险承担的影响。

5.3 研究设计

5.3.1 样本选取与数据来源

本章选取 2003 ～ 2015 年上海证券交易所 A 股上市公司年度数据为初始样本，并对样本进行如下处理：（1）剔除金融类企业。（2）剔除掉企业所有权性质（民营变为国有，或者国有变为民营）发生变化的样本。（3）考虑到数量研究的前提要求，企业经营的可持续才能表现具有规律性特质，剔除 2003 ～ 2015 年存在 ST 以及经营异常企业，以确保样本在区间前 3 年和后 3 年的稳定性。最终样本企业区间确定为 2006 ～ 2012 年 488 家上市公司，其中民营企业 114 家，国有企业 374 家，共有 3416 个年度观测值。（4）数据来源于 CSMAR 数据库及 Wind 数据库，并对数据进行了 1% 和 99% 的分位 Winsorize 缩尾处理。

5.3.2 变量设置

1. 企业风险承担

$RiskT_{it}$ 表示企业的风险承担水平，i 表示企业个体，t 表示时间。标准差是风险的传统衡量标准，高风险承担意味企业未来收益现金流不确定性增加。根据已有文献，我们主要采用企业盈利的波动性来衡量，即 ROA_i 的波动。ROA 为企业 i 相应年度的息税前利润（EBIT）与当期期末资产总额的比率。考虑到企业 ROA 的行业差异性因素影响，我们先将企业每一期的 ROA_i 减去该期企业所在行业的 ROA 均值，然后计算每一个企业经行业调整的 ROA 的标准差，代表企业的风险承担水平。具体计算如下：

$$RiskT_{it} = \sqrt{\frac{1}{t-1} \sum_{t=1}^{t} \left(ADJ\_ROA_{it} - \frac{1}{t} \sum_{t=1}^{t} ADJ\_ROA_{it} \right)^2 \Big| t=3}$$

$$ADJ\_ROA_{it} = \frac{EBIT_{it}}{Assets_{it}} - \frac{1}{X_t} \sum_{k=1}^{x} \frac{EBIT_{Kt}}{Assets_{kt}}$$

其中，X_t 代表 t 期企业所在行业的企业总数量。

2. 管理层激励变量

目前管理层激励主要包括货币薪酬激励和股权激励，其中货币薪酬更注重短期影响，而股权激励长期激励效果更为明显，使得管理层和所有者的利益趋同效果更为明显。股权激励使得管理层分享企业发展所带来收益的剩余索取权，降低剩余索取权与剩余控制权的分离程度，能够有效改善风险承担和收益分配的匹配度。企业管理层持有股份越高，管理层利益与企业利益捆绑程度越高，管理层为谋取个人利益而背离企业价值最大化的成本越高，能够降低管理层为谋求私利而放弃高风险 NPV 为正的项目。唐清泉等（2008）研究发现管理层激励机制并非只针对个人而言，应该更多关注管理层团队，否则管理层内部会出现"搭便车"或者"偷懒"的问题，使整个制度失效。企业管理层作为一个整体团队，管理层整体持股人数越多，持股比例越高，管理层整体利益与股东利益越趋近一致，降低风险规避程度，越有利于管理层风险承担水平的改善。

表 5-1　　　　　　　　　　　管理层激励变量定义表

	变量名称	变量符号	变量说明
薪酬激励	前三董事报酬总额占年度报酬总额比例	lnMee1	前三名董事报酬总额/年度报酬总额
	前三名高管报酬总额占总薪酬比例	lnMee2	前三名高管报酬总额/年度报酬总额
	前三名高管报酬总额对数	lnMee3	前三名高管报酬总额自然对数
	前三名董事报酬总额对数	lnMee4	前三名董事报酬总额自然对数
股权激励	高管持股占总资产比重	SR_1	高管持股市值/总资产市值
	董事长持股占总资产比重	SR_2	董事长持股市值/总资产市值
	董事持股占总资产比重	SR_3	董事持股市值/总资产市值
	监事持股占总资产比重	SR_4	监事持股市值/总资产市值
	高管持股占营业收入比值	SR_5	高管持股市值/营业总收入
	董事长持股占营业收入比重	SR_6	董事长持股市值/营业总收入
	董事持股占营业收入比重	SR_7	董事持股市值/营业总收入
	监事持股占营业收入比重	SR_8	监事持股市值/营业总收入

3. 公司绩效

现有文献研究表明管理层货币激励有利于企业绩效发展，管理层持股更注重企业的长远发展，有利于企业价值的提升，因此本章选取 ROA 和 Tobin Q 作为公司市场业绩的代理变量，其中企业绩效衡量企业短期经营成果，Tobin Q 反映企业长远价值。

在已有的文献基础上，考虑以下因素对于企业风险承担的影响，本章还设置其他控制标量。企业所有权性质变量 State，当企业为民营企业 State = 0，当企业为国有企业 State = 1。由于企业所有权性质可能会影响企业的绩效，因此在所选样本中企业所有权性质均保持一致性，也即是不存在国有企业变为民营企业或者民营企业转为国有企业；企业终极控制人（Euc），将国有企业终极控制人分为中央国资委控制、央企控制、省级国资委控制和市级国资委控制；定义企业年龄为 Fage，成立年龄 +1 取自然对数；企业规模定义为 Size，为企业当期资产取对数；定义 SGR 为企业销售收入增长率，衡量企业的成长性；考虑到董事长和总经理两职兼任情况会影响董事会的独立性，董事长或者总经理几乎对企业完全控制，为谋求个人私利或采取保守的经营策略或者追求高风险投资项目，形成壕堑效应（Entrenchment effect），因此，董事长和总经理两职兼任情况影响企业风险承担水平，定义 Dual 衡量董事长和总经理两职兼任情况，当董事长和总经理两职合一时，Dual = 1，否则为 0；定义赫芬达尔指数为 HHI，衡量市场竞争程度；定义行业变量（Ind_dum）和时间变量（Qt_dum）在回归过程中进行控制。

5.3.3　基本模型设定

1. 管理层激励与企业风险承担

$$\mathrm{RiskT}_{it} = \beta_0 + \beta_1 \mathrm{lnMee(SR)}_{it} + \beta_2 \mathrm{State}_{it} + \beta_3 \mathrm{Size}_{it} + \beta_4 \mathrm{Fage}_{it} + \beta_5 \mathrm{Lev}_{it}$$
$$+ \beta_6 \mathrm{HHI}_{it} + \beta_7 \mathrm{SGR}_{it} + \beta_8 \mathrm{Dual}_{it} + \mathrm{Qt\_dum} + \mathrm{Ind\_dum} + \zeta_{it} \qquad (1)$$

2. 管理层激励与企业价值

$$\mathrm{ROA}_{it}(\mathrm{TQ}_{it}) = \beta_0 + \beta_1 \mathrm{lnMee(SR)}_{it} + \beta_2 \mathrm{State}_{it} + \beta_3 \mathrm{Size}_{it} + \beta_4 \mathrm{Fage}_{it} + \beta_5 \mathrm{Lev}_{it}$$
$$+ \beta_6 \mathrm{HHI}_{it} + \beta_7 \mathrm{SGR}_{it} + \beta_8 \mathrm{Dual}_{it} + \mathrm{Qt\_dum} + \mathrm{Ind\_dum} + \zeta_{it} \qquad (2)$$

3. 管理层激励中介效应检验

$$\begin{aligned}
ROA_{it} = \beta_0 &+ C_1 \ln Mee_{it} + C_2 SR_{it} + \beta_1 State_{it} + \beta_2 Size_{it} + \beta_3 Fage_{it} + \beta_4 Lev_{it} \\
&+ \beta_5 HHI_{it} + \beta_6 SGR_{it} + \beta_7 Dual_{it} + Qt\_dum + Ind\_dum + \zeta_{it}
\end{aligned} \quad (3)$$

$$\begin{aligned}
RiskT_{it} = \beta_0 &+ a_1 \ln Mee_{it} + a_2 SR_{it} + \beta_1 State_{it} + \beta_2 Size_{it} + \beta_3 Fage_{it} + \beta_4 Lev_{it} \\
&+ \beta_5 HHI_i + \beta_6 SGR_{it} + \beta_7 Dual_{it} + Qt\_dum + Ind\_dum + \zeta_{it}
\end{aligned} \quad (4)$$

$$\begin{aligned}
ROA_{it} = \beta_0 &+ C_1' \ln Mee_{it} + C_2' SR_{it} + b_1 RiskT_{it} + \beta_1 State_{it} + \beta_2 Size_{it} + \beta_3 Fage_{it} \\
&+ \beta_4 Lev_{it} + \beta_5 HHI_{it} + \beta_6 SGR_{it} + \beta_7 Dual_{it} + Qt\_dum + Ind\_dum + \zeta_{it}
\end{aligned}$$

$$(5)$$

5.4 实证结果与分析

5.4.1 描述性统计分析

表 5 - 2 是管理层激励变量的描述性统计。企业价值（TQ）均值为 1.7311，中位数为 1.4317；企业绩效均值为 0.0692，中位数为 0.0593；RiskT 均值为 0.0362，中位数为 0.0221；R&D 均值为 0.0051。管理层持股代理变量 SR_1，SR_2，SR_3，SR_4，SR_5，SR_6，SR_7 和 SR_8 均值分别为 0.0209，0.0116，0.0055，0.0006，0.0311，0.0171，0.0081，0.0009；管理层货币薪酬代理变量 $\ln Mee1$，$\ln Mee2$，$\ln Mee3$，$\ln Mee4$ 均值分别为 0.3274，0.3768，4.5726，4.3958。

表 5 – 2　　　　　　　　　管理层激励变量描述性统计

变量	四分位数	中位数	均值	标准差	最小值	最大值
TQ	1.1196	1.4317	1.7311	0.9869	0.6173	13.3486
ROA	0.0357	0.0593	0.0692	0.0618	- 0.2716	0.6299
RiskT	0.0127	0.0221	0.0362	0.0535	0.0001	1.2864
R&D	0.0000	0.0000	0.0051	0.0139	0.0000	0.3272
SR_1	0.0000	0.00001	0.0209	0.1368	0.0000	3.4103

变量	四分位数	中位数	均值	标准差	最小值	最大值
SR_2	0.0000	0.0000	0.0116	0.0852	0.0000	2.1882
SR_3	0.0000	0.0000	0.0055	0.0410	0.0000	0.7539
SR_4	0.0000	0.0000	0.0006	0.1517	0.0056	0.1924
SR_5	0.0000	0.00002	0.0311	0.2203	0.0493	6.9055
SR_6	0.0000	0.0000	0.0171	0.1420	0.0000	4.4309
SR_7	0.0000	0.0000	0.0081	0.0613	0.0000	1.2169
SR_8	0.3879	0.5187	0.0009	0.0076	0.0000	0.2363
lnMee1	0.2506	0.3203	0.3274	0.1206	0.0000	1.0000
lnMee2	0.2937	0.3601	0.3768	0.1211	0.0000	1.0000
lnMee3	4.1095	4.6098	4.5726	0.7739	0.0000	7.1950
lnMee4	3.8566	4.4213	4.3958	0.8551	0.0000	7.2914

5.4.2　变量相关系数及均值比较

表 5 - 3 列出企业价值、企业绩效、企业风险承担水平与企业管理层持股和货币薪酬等主要变量 Pearson 相关系数。表 5 - 3 表明管理层持股激励与企业价值、管理层货币薪酬激励与企业价值，企业绩效与企业价值、企业风险承担与企业价值以及企业 R&D 投入与企业价值均正相关，均在 1% 水平显著；高管持股占总资产比 SR_1 与企业绩效在 10% 水平下正相关，董事长持股占总资产比重 SR_2 与企业绩效在 10% 水平下正相关，董事持股占总资产比重 SR_3 与企业绩效在 1% 水平下正相关；货币薪酬激励 lnMee1，lnMee3，lnMee4 与企业绩效均在 1% 水平下正相关；管理层持股代理变量 SR_1，SR_2，SR_3 与企业风险承担水平正相关，管理层货币薪酬前三名高管货币薪酬（lnMee2，lnMee3）与企业风险承担水平负相关，显著性水平分别为 10%、1%，前三名董事货币薪酬与企业风险承担水平在 1% 水平下显著正相关；管理层持股（SR_1，SR_2，SR_3）与企业 R&D 投入正相关。

表 5 – 3   管理激励主要变量相关系数表

变量	TQ	ROA	RiskT	R&D
	1. 00			
ROA	0. 2064 ***	1. 00		
RiskT	0. 2539 ***	0. 1438 ***	1. 00	
R&D	0. 2022 ***	0. 0252	0. 0828 ***	
SR$_1$	0. 1408 ***	0. 0299 *	0. 2074 ***	0. 0431 **
SR$_2$	0. 0471 ***	0. 0325 *	0. 2048 ***	0. 0546 ***
SR$_3$	0. 0918 ***	0. 0459 ***	0. 1463 ***	0. 0709 ***
SR$_4$	0. 0512 ***	0. 0025	0. 0593 ***	0. 0104
SR$_5$	0. 1339 ***	0. 0212	0. 2064 ***	0. 0219
SR$_6$	0. 0460 ***	0. 0321 *	0. 2054 ***	0. 0507 ***
SR$_7$	0. 0865 ***	0. 0409 **	0. 1419 ***	0. 0554 ***
SR$_8$	0. 0485 ***	− 0. 0003	0. 0582 ***	− 0. 0004
lnMee1	0. 1061 ***	0. 0665 ***	0. 2370 ***	− 0. 0551 ***
lnMee2	0. 0837 ***	0. 0235	− 0. 0314 *	− 0. 0353 **
lnMee3	0. 0865 ***	0. 2920 ***	− 0. 0694 ***	0. 1773 ***
lnMee4	0. 0891 ***	0. 2710 ***	0. 0775 ***	0. 1523 ***

注: *** 、 ** 、 * 分别表示在 1% 、5% 和 10% 的水平下显著。

表 5 – 4 主要区别国有企业与民营企业管理层持股激励和货币薪酬激励情况以及国有企业和民营企业在企业价值、企业绩效、企业风险承担水平以及企业 R&D 投入方面的差异性。表 5 – 4 显示国有企业价值与企业绩效水平均低于民营企业,反映在 2006 ~ 2012 年国有企业效率低于民营企业效率,国有企业的风险承担水平与民营企业风险承担水平同样存在显著性差异,企业 R&D 投入由于成功概率较低,常被用作风险承担的替代变量。表 5 – 4 同样表明国有企业的研发投入远低民营企业研发投入,同样表明国有企业风险承担水平低于民营企业风险承担水平。民营企业管理层持股情况较国有企业管理层持股更为普遍,管理层持股代理变量 SR$_1$, SR$_2$, SR$_3$, SR$_4$, SR$_5$, SR$_6$, SR$_7$ 均在 1% 水平下显著高于国有企业。在货币薪酬激励方面国有企业的前三名高管的货币薪酬显著高于民营企业,国有企业前三名董事的货币薪酬显著低于民营企业前三名董事的货币薪酬。在激烈的市场经济中,企业高效率表现在企业具备较高的

绩效水平和较高的企业价值，企业研发投入越多越有利于提升企业的绩效水平和提升企业价值，企业获取较高的绩效和较高的企业价值必然要求企业有较高的风险承担水平，当企业所有权与控制权分离时，企业的管理层风险规避程度远高于企业所有者，其风险承担水平较低，因此会导致管理层因研发投入的高风险特点而放弃或者降低企业研发投入，自然而然会使得企业绩效和企业价值降低。因此，管理层需要更多的股权激励和货币薪酬激励，提高其风险承担水平，增加企业研发投入，以增加企业绩效和价值。表 5 - 4 的比较研究表明民营企业股权激励更为普遍，企业的风险承担水平和企业研发投入会更高，有利于企业的绩效和价值提升，因此我们预期管理层激励有利于提高企业的风险承担水平，改善企业的绩效和企业价值。

表 5 - 4　　　　　　　　管理层激励变量均值及中位数比较

变量	民营企业	国有企业	均值差异	民营企业	国有企业	中位数差异
TQ	2.018	1.644	0.374 ***	1.643	1.371	58.100 ***
ROA	0.075	0.068	0.007 ***	0.065	0.057	12.093 ***
RiskT	0.084	0.022	0.062 ***	0.066	0.017	919.910 ***
R&D	0.007	0.004	0.003 ***	0.000	0.000	4.459 **
SR_1	0.085	0.001	0.083 ***	0.000	0.000	95.655 ***
SR_2	0.049	0.000	0.048 ***	0.000	0.000	117.414 ***
SR_3	0.022	0.001	0.021 ***	0.000	0.000	30.471 ***
SR_4	0.002	0.000	0.002 ***	0.000	0.000	0.030
SR_5	0.125	0.002	0.122 ***	0.001	0.000	99.221 ***
SR_6	0.072	0.001	0.071 ***	0.000	0.000	117.414 ***
SR_7	0.031	0.001	0.030 ***	0.000	0.000	30.471 ***
SR_8	0.003	0.000	0.003 ***	0.000	0.000	0.030
lnMee1	0.389	0.309	0.081 ***	0.382	0.304	189.329 ***
lnMee2	0.367	0.380	- 0.013 ***	0.358	0.361	0.310
lnMee3	4.481	4.601	- 0.120 ***	4.459	4.647	22.767 ***
lnMee4	4.546	4.350	0.196 ***	4.534	4.383	13.244 ***

注：*** 、** 、* 分别表示在 1% 、5% 和 10% 的水平下显著。

5.4.3 管理层激励与风险承担

1. 货币薪酬与风险承担

货币薪酬激励在国内应用比较普遍，为检验管理层薪酬与企业风险承担水平是否存在相关性，利用模型（1）进行实证检验，解释变量分别为：前三名董事报酬总额占年度报酬总额比例（lnMee1）；前三名高管报酬总额占总薪酬比例（lnMee2）；前三名高管报酬总额对数（lnMee3）；前三名董事报酬总额对数（lnMee4），被解释变量为企业风险承担水平。表5-5为检验结果，表明管理层薪酬与企业风险承担存在显著相关关系，货币薪酬与企业风险承担水平正相关，检验结果验证假设H2。

表5-5 货币薪酬与企业风险承担

	RiskT			
lnMee1	$8.10e-07$			
lnMee2		$-1.36e-06$ **		
lnMee3			$5.92e-06$ ***	
lnMee4				$6.85e-06$ ***
state	-0.0558 ***	-0.0565 ***	-0.0577 ***	-0.0545 ***
Size	$2.73e-07$	$3.37e-08$	$-1.78e-06$ **	$-1.75e-06$ **
Fage	$-4.42e-07$	$-4.64e-07$	$-1.27e-06$	$-1.40e-06$
Lev	-0.0151 ***	-0.0161 ***	-0.0137 ***	-0.0138 ***
HHI	-0.0071	-0.0064	-0.0111	-0.0129
SGR	0.0012	0.0012	0.0012	0.0013
Dual	0.0106 ***	0.0107 ***	0.0095 ***	0.0094 **
截距	0.0862 ***	0.0900 ***	0.0887	0.0878
Euc	控制	控制	控制	控制
Qt_dum	控制	控制	控制	控制
Ind_dum	控制	控制	控制	控制
$ADJ-R^2$	0.4416	0.4421	0.4474	0.4500
F	31.74	31.80	32.50	32.84
N	2605	2605	2608	2608

注：***、**、*分别表示在1%、5%和10%的水平下显著。

2. 管理层持股与企业风险承担

管理层持股始于 20 世纪 50 年代，一直是西方广泛应用的激励工具，其实质企业管理层的收益与企业价值相关，将管理层收益变成公司价值的增函数，降低二者的利益分歧，但多数研究管理层激励与企业价值，对于管理层激励与企业风险承担关注较少，国内相关研究更是凤毛麟角，本章基于模型（1），检验管理层持股与企业变量关系，解释变量分别为：高管持股占总资产比重（SR_1）；董事长持股占总资产比重（SR_2）；董事持股占总资产比重（SR_3）；监事持股占总资产比重（SR_4）。被解释变量为企业风险承担水平（RiskT）。表 5 - 6 为检验结果，模型（1）解释变量为高管持股占总资产比重（SR_1），结果表明高管持股占总资产比重越高，企业风险承担水平越高，管理层风险规避倾向越小，越有利于降低企业所有者与企业管理层的风险差异；模型（2）解释变量为董事长持股占总资产比重（SR_2），检验结果说明董事长获得的股权激励越多，企业风险承担水平越高；模型（3）和模型（4）解释变量分别为董事持股占总资产比重（SR_3）和监事持股占总资产比重（SR_4），董事持股比例与企业风险承担水平正相关并且在 1% 水平下显著，但监事持股与企业风险承担水平不存在相关关系。表 5 - 6 结果验证假设 H1。

表 5 - 6　　　　　　　　　　管理层持股与企业风险承担

变量	RiskT			
	模型（1）	模型（2）	模型（3）	模型（4）
SR_1	0. 0155 ***			
SR_2		0. 0236 ***		
SR_3			0. 0367 ***	
SR_4				- 0. 0549
State	- 0. 0553 ***	- 0. 0555 ***	- 0. 0558 ***	- 0. 0567 ***
Size	4. 42e - 07	3. 78e - 07	3. 63e - 07	1. 72e - 07
Fage	- 5. 10e - 07	- 6. 37e - 07	- 2. 95e - 07	- 4. 21e - 07
Lev	- 0. 0152 ***	- 0. 0151 ***	- 0. 0152 ***	- 0. 0153 ***
HHI	- 0. 0080	- 0. 0077	- 0. 0076	- 0. 0068
SGR	0. 0012	0. 0012	0. 0012	0. 0012

变量	RiskT			
	模型（1）	模型（2）	模型（3）	模型（4）
Dual	0.0091 ***	0.0090 ***	0.0101 ***	0.0106
截距	0.0869 ***	0.0871 ***	0.0872 ***	0.0877 ***
Qt_dum	控制	控制	控制	控制
Ind_dum	控制	控制	控制	控制
Euc	控制	控制	控制	控制
$ADJ - R^2$	0.4447	0.4444	0.4432	0.4417
F	32.16	32.13	31.97	31.78
N	2608	2608	2608	2608

注：*** 、** 、* 分别表示在 1%、5% 和 10% 的水平下显著。

5.4.4 企业管理层激励对风险承担影响差异分析

为检验管理层持股和货币薪酬对国有企业风险承担水平和民营企业风险承担水平影响是否存在差异性，引入新变量——企业产权性质与管理层持股交叉项以及企业产权性质与管理层货币薪酬交互项。根据本章设置的管理层持股变量和管理层货币薪酬变量产生以下交叉变量：高管持股与企业产权性质交叉项 State × SR$_1$（SSR$_1$），董事长持股与高管持股与企业产权性质交叉项 State × SR$_2$（SSR$_2$），董事持股与高管持股与企业产权性质交叉项 State × SR$_3$（SSR$_3$），监事持股与高管持股与企业产权性质交叉项 State × SR$_4$（SSR$_4$）；前三名董事报酬总额占年度报酬总额比例与企业产权性质交叉项 State × lnMee1（Sln1），前三名高管报酬总额占总薪酬比例与企业产权性质交叉项 State × lnMee2（Sln2），前三名高管报酬总额对数与企业产权性质交叉项 State × lnMee3（Sln3），前三名董事报酬总额对数与企业产权性质交叉项 State × lnMee4（Sln4）。回归结果见表 5 - 7。

表 5 - 7 中被解释变量为企业风险承担水平，解释变量分别为前三名董事报酬总额占年度报酬总额比例与企业产权性质交叉项 State × lnMee1（Sln1），前三名高管报酬总额占总薪酬比例与企业产权性质交叉项 State × lnMee2（Sln2），前三名高管报酬总额对数与企业产权性质交叉项 State × lnMee3（Sln3），前三名董事报酬总额对数与企业产权性质交叉项 State × lnMee4

（Sln4）。回归结果看 Sln1，Sln2，Sln3 和 Sln4 均与企业风险承担水平负相关，显著水平均为 1%。管理层货币薪酬激励虽然能够提高风险承担水平，但是货币薪酬对风险承担水平影响在国有企业和民营企业存在差异。表 5-7 回归结果表明相比较而言，货币薪酬对国有企业风险承担水平影响小于货币薪酬对民营企业风险承担影响，即货币薪酬对民营企业风险承担的敏感度远大于货币薪酬对国有企业风险承担的敏感度，支持假设 H3。

表 5-7　　　　　　　　　货币薪酬对企业风险承担差异回归

	RiskT			
变量	模型（1）	模型（2）	模型（3）	模型（4）
Sln1	-0.1090***			
Sln2		-0.1071***		
Sln3			-0.0109***	
Sln4				-0.1091***
Size	-4.59e-07	-4.59e-07	-3.51e-06***	-1.51e-06*
Fage	2.20e-06	2.20e-06	1.92e-06	2.62e-06
Lev	-0.0249***	-0.0249***	-0.0173***	-0.0191***
HHI	-0.0129	-0.0129	-0.0049	-0.0162
SGR	0.0021*	0.0021*	0.0009	0.001003
Dual	0.0124***	0.0124***	0.0113***	0.0154***
截距	0.0862***	0.0765***	0.0689***	0.0721***
Euc	控制	控制	控制	控制
Qt_dum	控制	控制	控制	控制
Ind_dum	控制	控制	控制	控制
ADJ-R^2	0.3694	0.3694	0.4131	0.3278
F	25.22	25.22	30.13	21.15
N	2605	2605	2608	2608

注：***、**、*分别表示在1%、5%和10%的水平下显著。

表 5-8 中被解释变量为企业风险承担水平，解释变量分别为高管持股与企业产权性质交叉项 State×SR$_1$（SSR$_1$），董事长持股与高管持股与企业产权性质交叉项 State×SR$_2$（SSR$_2$），董事持股与高管持股与企业产权性质交叉项

State $\times$ SR$_3$（SSR$_3$），监事持股与高管持股与企业产权性质交叉项 State $\times$ SR$_4$（SSR$_4$）。在控制其他变量后回归结果表明企业 SSR$_1$，SSR$_2$，SSR$_3$，SSR$_4$ 与企业风险承担水平在 1% 水平下显著负相关，管理层持股激励对国有企业风险承担水平影响显著低于对民营企业风险承担水平影响，实证结果支持假设 H4。

表 5 - 8   管理层持股对企业风险承担差异回归

	RiskT			
变量	模型（1）	模型（2）	模型（3）	模型（4）
SSR1	− 0.2379 ***			
SSR2		− 0.5055 ***		
SSR3			− 0.2884 *	
SSR4				− 2.8327 **
Size	− 1.01e − 07	− 8.36e − 08	− 3.95e − 08	− 9.83e − 08
Fage	7.34e − 06 ***	7.31e − 06 ***	7.19e − 06 ***	7.23e − 06 ***
Lev	− 0.0177 ***	− 0.0174 ***	− 0.0173 ***	− 0.0176 ***
HHI	− 0.0444 **	− 0.0443 **	− 0.0443 **	− 0.0440 **
SGR	0.0022	0.0022	0.0022	0.0021
Dual	0.0163 ***	0.0164 ***	0.0165 ***	0.0164 ***
截距	0.0529 ***	0.0525 ***	0.0526 ***	0.0527 ***
Qt_dum	控制	控制	控制	控制
Ind_dum	控制	控制	控制	控制
Euc	控制	控制	控制	控制
ADJ − R^2	0.1668	0.1662	0.1649	0.1656
F	9.29	9.25	9.17	9.22
N	2608	2608	2608	2608

注：*** 、** 、* 分别表示在 1% 、5% 和 10% 的水平下显著。

表 5 - 7 和表 5 - 8 回归结果表明管理层货币薪酬和管理层持股激励虽然均能够提高企业风险承担水平，但影响效果受到企业产权性质的影响。无论是货币薪酬激励还是管理层持股激励，对民营企业风险承担水平远高于对国有企业风险承担水平。这意味着国有企业管理层不仅受到经济激励的约束，同时其政治属性同样影响其风险承担水平。

5.4.5　管理层激励与企业价值

所有权与控制权的分离使得管理层与企业所有者的利益出现分歧，如何激励管理层按照企业所有者的利益决策成为企业治理的关键，管理层激励的本质是短期内提高企业的绩效，长期增加企业的价值，本章基于模型（2）检验管理层持股与企业价值关系以及管理层货币薪酬与企业绩效。

表 5 - 9 分别以高管持股占总资产比重 SR_1；董事长持股占总资产比重 SR_2；董事持股占总资产比重 SR_3；监事持股占总资产比重 SR_4 作为管理层激励的替代变量，企业价值为被解释变量，模型（1）至模型（4）为具体检验过程，除监事持股占总资产比重作为管理层激励的替代变量对企业价值无显著影响外，其余解释变量均发现管理层持股有利于企业价值的提升。与管理层持股激励效果不同，管理层薪酬激励更有利于企业绩效提高，因此基于模型（2）对薪酬激励与企业绩效进行检验，过程见表 5 - 10。

表 5 - 9　　　　　　　　　　　　　管理层持股与企业价值

	TQ			
变量	模型（1）	模型（2）	模型（3）	模型（4）
SR_1	1. 4174 ***			
SR_2		2. 0327 ***		
SR_3			4. 2696 ***	
SR_4				0. 2731
State	- 0. 1552 ***	- 0. 1791 **	- 0. 1758 **	- 0. 2750 ***
Size	- 0. 0002 ***	- 0. 0002 ***	- 0. 0002 ***	- 0. 0002 ***
Fage	0. 0001 ***	- 0. 0001	- 0. 0002	- 0. 0001
Lev	- 1. 0875 ***	- 1. 0845 ***	- 1. 0881 ***	- 1. 0998 ***
HHI	0. 1345	0. 1513	0. 1567	0. 2282
SGR	0. 0790 ***	0. 0788 ***	0. 0795 **	0. 0792 **
Dual	0. 0306	0. 0329	0. 1037 *	0. 1688 **
截距	2. 0119 ***	2. 0263 ***	2. 0176 ***	2. 0851 ***
Qt_dum	控制	控制	控制	控制

续表

变量	模型（1）	模型（2）	模型（3）	模型（4）
		TQ		
Ind_dum	控制	控制	控制	控制
Euc	控制	控制	控制	控制
$ADJ - R^2$	0.4635	0.4558	0.4571	0.4228
F	34.59	33.57	33.73	29.48
N	2608	2608	2608	2608

注：***、**、*分别表示在1%、5%和10%的水平下显著。

表 5 - 10　　　　　　　　　　货币薪酬与企业绩效

变量	模型（1）	模型（2）	模型（3）	模型（4）
		ROA		
lnMee1	8.33e - 06 ***			
lnMee2		1.76e - 06		
lnMee3			0.0001 ***	
lnMee4				0.00002 ***
state	0.0003	- 0.0086	- 0.0134 **	- 0.0002
Size	0.0001 ***	0.0001 ***	0.00001 ***	0.00002 ***
Fage	- 7.09e - 06 ***	- 7.23e - 06 ***	0.00001 ***	- 0.00001 ***
Lev	- 0.1297 ***	- 0.1308 ***	- 0.1244 ***	- 0.1259 ***
HHI	0.0351	0.0387	0.0201	0.0165
SGR	0.0185 ***	0.0182 ***	0.0184 ***	0.0187 ***
Dual	0.0038	0.0040	- 0.0012	- 0.00041
截距	0.0853 ***	0.0976 ***	0.1052 ***	0.1010 ***
Qt_dum	控制	控制	控制	控制
Ind_dum	控制	控制	控制	控制
Euc	控制	控制	控制	控制
$ADJ - R^2$	0.2873	0.2787	0.3285	0.3285
F	16.68	16.02	20.04	20.04
N	2609	2609	2609	2609

注：***、**、*分别表示在1%、5%和10%的水平下显著。

表 5 – 10 中解释变量分别为前三名董事报酬总额占年度报酬总额比例 lnMee1，前三名高管报酬总额对数 lnMee2，前三名董事报酬总额对数为管理层货币薪酬代理变量 lnMee3，均与企业绩效在 1% 水平下正相关。

无论是股权激励还是货币薪酬，管理层激励均影响企业价值和企业绩效，在 5.4 中检验发现管理层激励与企业风险变量承担存在相关性，第 3 章及第 4 章研究表明企业风险承担与企业收益正相关，基于此推测管理层激励是否影响企业风险承担进而影响企业的价值和绩效，风险承担作为管理层激励与企业价值和绩效的中介变量而存在，为此在本章的 5.5 进行风险承担中介效应检验。

5.5　风险承担中介效应检验

若解释变量 X 对被解释变量 Y 的影响机理是通过变量 M 来实现的，则 M 是中介变量，其模型为：$Y = cX + e_1$；$M = aX + e_2$；$Y = c'X + bM + e_3$。若模型中 c 不显著，终止中介效应检验，若 a，b，c 显著异于 0，c' 不显著，则完全中介效应成立，若 a，b，c，c' 均显著异于 0，则中介效应显著。为检验风险承担是否为管理层激励与企业绩效中介变量，构造模型（3）至模型（5）：

$$ROA_{it}(TQ_{it}) = \beta_0 + C_1 lnMee_{it} + C_2 SR_{it} + \beta_1 State_{it} + \beta_2 Size_{it} + \beta_3 Fage_{it} + \beta_4 Lev_{it}$$
$$+ \beta_5 HHI_{it} + \beta_6 SGR_{it} + \beta_7 Dual_{it} + Qt\_dum + Ind\_dum + \zeta_{it} \quad (3)$$

$$RiskT_{it} = \beta_0 + a_1 lnMee_{it} + a_2 SR_{it} + \beta_1 State_{it} + \beta_2 Size_{it} + \beta_3 Fage_{it} + \beta_4 Lev_{it}$$
$$+ \beta_5 HHI_{it} + \beta_6 SGR_{it} + \beta_7 Dual_{it} + Qt\_dum + Ind\_dum + \zeta_{it} \quad (4)$$

$$ROA_{it}(TQ_{it}) = \beta_0 + C_1' lnMee_{it} + C_2' SR_{it} + b_1 RiskT_{it} + \beta_1 State_{it} + \beta_2 Size_{it}$$
$$+ \beta_3 Fage_{it} + \beta_4 Lev_{it} + \beta_5 HHI_{it} + \beta_6 SGR_{it}$$
$$+ \beta_7 Dual_{it} + Qt\_dum + Ind\_dum + \zeta_{it} \quad (5)$$

根据中介变量的检验方法，若 a_1，a_2，b_1，C_1，C_2 均显著异于 0，且 C_1'，C_2'，不显著异于 0，则风险承担是股权结构与企业绩效间完全中介变量；a_1，a_2，b_1，C_1，C_2，C_1'，C_2' 均显著异于 0，则风险承担是管理层激励与企业绩效间中介变量。依据中介变量检验方法，对模型所有变量进行中心化处理后进行回归。

表 5 – 11 中（1）至（4）基于模型（3）检验管理层持股与企业价值关系，模型中所有变量均经过中心化处理，除监事持股（SR4）对企业价值无显著相关外，高管持股（SR1），董事长持股（SR2）；董事持股（SR3）均显著

影响企业价值；（5）至（6）基于模型（3）检验管理层薪酬与企业绩效关系，结果表明前三名高管报酬总额对数以及前三名董事报酬总额对数均显著影响企业的绩效。

表 5 – 11　　　　　　　中介效应检验——管理层持股对企业价值，
货币薪酬对企业绩效回归

变量	TQ			ROA		
	（1）	（2）	（3）	（4）	（5）	（6）
SR_1	0. 1965 ***					
SR_2		0. 1754 ***				
SR_3			0. 1775 ***			
SR_4				0. 0015		
lnMee3					0. 2930 ***	
lnMee4						0. 2764 ***
State	– 0. 1573 **	– 0. 1815 **	– 0. 1782 **	– 0. 2786 ***	– 0. 2175 ***	– 0. 0035
Size	– 0. 1764 ***	– 0. 1831 ***	– 0. 1791 ***	– 0. 1992 ***	0. 1917 ***	0. 21886 ***
Fage	– 0. 0748 ***	– 0. 0815 ***	– 0. 0600 ***	– 0. 0717 ***	– 0. 1112 ***	– 0. 1093 ***
Lev	– 0. 1959 ***	– 0. 1953 ***	– 0. 1960 ***	– 0. 1981 ***	– 0. 3574 ***	– 0. 3618 ***
HHI	0. 0159	0. 0179	0. 0185	0. 0269	0. 0379	0. 0312
SGR	0. 0419 ***	0. 0417 ***	0. 0421 ***	0. 0420 ***	0. 1556 ***	0. 1581 ***
Dual	0. 0310	0. 0333	0. 1051 *	0. 1711 *	– 0. 0209	– 0. 0067
截距	– 0. 6579 ***	– 0. 6700 ***	– 0. 6337 ***	– 0. 6434 ***	0. 2552 *	0. 1843 *
Qt_dum	控制	控制	控制	控制	控制	控制
Ind_dum	控制	控制	控制	控制	控制	控制
Euc	控制	控制	控制	控制	控制	控制
$ADJ – R^2$	0. 4635	0. 4558	0. 4571	0. 4228	0. 3285	0. 3285
F	34. 59	33. 57	33. 73	29. 48	20. 04	20. 04
N	2606	2606	2606	2606	2606	2606

注：*** 、** 、* 分别表示在 1% 、5% 和 10% 的水平下显著。

表 5 – 12 基于模型（4）检验管理层持股以及管理层货币薪酬与企业风险承担关系，进入模型变量经过中心化处理，实证结果表明管理层持股（SR_1，

SR₂，SR₃）在 1% 水平下对企业风险承担存在正向影响，管理层货币薪酬（lnMee3，lnMee4）与企业的风险承担 1% 水平下存在显著影响。

表 5 - 12　　　　　　　中介效应检验——企管理层持股、
管理层货币薪酬对风险承担回归

	RiskT					
变量	(1)	(2)	(3)	(4)	(5)	(6)
SR_1	0.0397 ***					
SR_2		0.0376 ***				
SR_3			0.0281 ***			
SR_4				− 0.005		
lnMee3					0.0726 ***	
lnMee4						0.0827 ***
State	− 1.0350 ***	− 1.0388 ***	− 1.0437 ***	− 1.0623 ***	− 1.0795	− 1.0198 ***
Size	0.0081	0.0069	0.0066	0.0031	− 0.0327	− 0.0321 **
Fage	− 0.0059	− 0.0073	− 0.0034	− 0.0048	− 0.0147	− 0.0162
Lev	− 0.0505 ***	− 0.0504 ***	− 0.0507 ***	− 0.0510 ***	− 0.0457	− 0.0460 ***
HHI	− 0.0174	− 0.0171	− 0.01657	− 0.0148	− 0.0243	− 0.0283
SGR	0.0121	0.0120	0.0121	0.0121	0.0124	0.0132
Dual	0.1703 ***	0.1691 ***	0.1882 ***	0.1998 ***	0.1770	0.1767 ***
截距	0.8010 ***	0.7982 ***	0.8055 ***	0.8042 ***	0.8678 ***	0.8601 ***
Qt_dum	控制	控制	控制	控制	控制	控制
Ind_dum	控制	控制	控制	控制	控制	控制
Euc	控制	控制	控制	控制	控制	控制
$ADJ - R^2$	0.4447	0.4444	0.4432	0.4417	0.4474	0.4500
F	32.16	32.13	31.97	31.78	32.50	32.84
N	2606	2606	2606	2606	2608	2608

注：***、**、* 分别表示在 1%、5% 和 10% 的水平下显著。

表 5 - 13 基于模型（5）检验管理层持股、风险承担对企业价值影响以及管理层货币薪酬、风险承担对企业绩效的影响，其中（1）至（4）是管理层持股、风险承担对企业价值影响的回归结果，（1）至（3）结果表明高管持股

（SR_1）、董事长持股（SR_2）以及董事持股（SR_3）对企业价值有显著影响。同时（1）至（3）回归中风险承担对企业价值正相关，显著水平均为1%，（4）表明监事持股对企业价值无显著影响，企业风险承担对企业价值影响显著；（1）至（4）是管理层持股、风险承担对企业价值影响的回归结果。（5）和（6）检验管理层货币薪酬对企业绩效及风险承担的影响，数据表明管理层货币薪酬在1%水平下显著影响企业绩效，与此同时企业风险承担水平与企业绩效显著正相关。根据中介变量的检验方法，若a_1，a_2，b_1，C_1，C_2均显著异于0，且C_1'，C_2'·不显著异于0，则风险承担是管理层激励与企业绩效间的完全中介变量；a_1，a_2，b_1，C_1，C_2，C_1'，C_2'均显著异于0，则风险承担是管理层激励与企业绩效间中介变量。依据中介变量检验方法，对模型所有变量进行中心化处理后进行回归。

表 5-13　　　　　中介效应检验——企管理层持股＼风险
承担对企业价值和企业绩效回归

变量	TQ			ROA		
	（1）	（2）	（3）	（4）	（5）	（6）
SR_1	0.1899***					
SR_2		0.1690***				
SR_3			0.1726***			
SR_4				0.0026		
lnMee3					0.2691***	
lnMee4						0.2500***
RiskT	0.1650***	0.1688***	0.1739***	0.1915***	0.3256***	0.3183***
State	0.0134	-0.0062	0.0032	-0.0752	0.1331	0.3195***
Size	-0.1777***	-0.1843***	-0.1804***	-0.1998***	0.2026***	0.2293***
Fage	-0.0738***	-0.0802**	-0.0594***	-0.0708***	-0.1065**	-0.1043***
Lev	-0.1875***	-0.1868***	-0.1871***	-0.1883***	-0.3426***	-0.3474***
HHI	0.0188	0.0208	0.0214	0.0298	0.0455	0.0396
SGR	0.0399***	0.0397***	0.0400***	0.0396**	0.1517***	0.1540***
Dual	0.0029	0.0048	0.0724	0.1329**	-0.0788	-0.0635

续表

变量	TQ			ROA		
	（1）	（2）	（3）	（4）	（5）	（6）
截距	− 0.7902 ***	− 0.8048 ***	− 0.7739 ***	− 0.7975 ***	− 0.0264 **	− 0.0876 *
Qt_dum	控制	控制	控制	控制	控制	控制
Ind_dum	控制	控制	控制	控制	控制	控制
Euc	控制	控制	控制	控制	控制	控制
ADJ − R²	0.4715	0.4642	0.4659	0.4336	0.3597	0.3583
F	35.17	34.18	34.42	30.33	22.54	22.41
N	2606	2606	2606	2606	2606	2606

注：*** 、** 、* 分别表示在 1%、5% 和 10% 的水平下显著。

据中介变量的检验方法，表 5 - 12 表明管理层持股与企业风险承担正相关，管理层薪酬激励与企业风险承担正相关，表 5 - 13 表明风险承担在（1）至（6）的回归与企业绩效及企业价值正相关，且管理层持股以及管理层货币薪酬与企业价值及企业绩效正相关，则风险承担是管理层股权激励与企业价值的中介变量，同时结论表明风险承担是管理层货币薪酬与企业绩效的中介变量，为进一步检验结论的稳定性，进行 Sobel 检验。Sobel 检验公式为 $Z = (\hat{a}\hat{b})/s_{ab}$，其中 $s_{ab} = \sqrt{\hat{a}^2 s_b^2 + s_a^2 \hat{b}^2}$，检验结果见表 5 - 14。

表 5 - 14　　　　　　　　　　　　Sobel 检验表

变量	SR1	SR2	SR3	lnMee3	lnMee4		SR1	SR2	SR3	lnMee3	lnMee4
a	0.0397	0.0376	0.0281	0.0726	0.0827	Sa	0.0105	0.0105	0.0104	0.0141	0.0133
b	0.1650	0.1688	0.1739	0.3256	0.3183	Sb	0.0264	0.0265	0.0264	0.0291	0.0292
a^2	0.0015	0.0014	0.0008	0.0052	0.0068	Sa^2	0.0001	0.0001	0.0001	0.0002	0.0002
b^2	0.0272	0.0285	0.0302	0.1060	0.1013	Sb^2	0.0007	0.0007	0.0007	0.0008	0.0009
Sa	0.0020	0.0020	0.0020	0.0050	5.4072						
Z	3.2246	3.1259	2.5001	4.6717	5.4072						

若 Z 大于临界值则中介效应显著，显著性水平 0.05 对应的临界值为 0.97，SR_1，SR_2，SR_3，$lnMee_3$，$lnMee_4$ 的 Z 值分别为 3.2246，3.1259，2.5001，

4.6717，5.4072，均大于 0.97，则风险承担是管理层持股激励与企业价值的中介变量，风险承担是管理层货币薪酬与绩效的中介变量。

5.6　稳定性检验

5.6.1　管理层持股与企业风险承担稳健性检验

为了进一步检验管理层股权激励与企业风险承担的稳定性，我们将解释变量替换为高管持股占营业收入比值（SR_5）；董事长持股占营业收入比重（SR_6）；董事持股占营业收入比重（SR_7）；监事持股占营业收入比重（SR_8）对模型（4）重新检验，结果见表 5 – 15。

表 5 – 15　　　　　　管理层持股与企业风险承担（稳定性检验）

	RiskT			
SR_5	0.0090 ***			
SR_6		0.0129 ***		
SR_7			0.0250 ***	
SR_8				− 0.0360
State	− 0.0555 ***	− 0.0557 ***	− 0.0557 ***	− 0.0567 ***
Size	4.28e − 07	3.66e − 07	3.81e − 07	1.71e − 07
Fage	− 4.34e − 07	− 5.58e − 07	− 2.24e − 07	− 4.28e − 07
Lev	− 0.0153 **	− 0.0153 ***	− 0.0153 ***	− 0.0153 ***
HHI	− 0.0079	− 0.0078	− 0.0075	− 0.0068
SGR	0.0012	0.0012	0.0012	0.0012
Dual	0.0092 ***	0.0092 ***	0.0101 ***	0.0106 ***
截距	0.0871 ***	0.0872 ***	0.0871 ***	0.0877 ***
Qt_dum	控制	控制	控制	控制
Ind_dum	控制	控制	控制	控制
Euc	控制	控制	控制	控制

续表

	RiskT			
ADJ – R²	0. 4444	0. 4441	0. 4433	0. 4417
F	32. 13	32. 08	31. 99	31. 78
N	2608	2608	2608	2608

注：***、**、* 分别表示在 1%、5% 和 10% 的水平下显著。

检验结果显示高管持股占营业收入比值（SR_5）；董事长持股占营业收入比重（SR_6）；董事持股占营业收入比重（SR_7）与企业风险承担水平在 1% 水平下正相关，监事持股占营业收入比重（SR_8）与企业风险承担水平不相关，回归结果与前文相同，结果稳健。

5.6.2 管理层持股与企业价值稳健性检验

表 5 - 16 结果表明管理层持股与企业价值具有稳定性，管理层持股能够有效提高企业价值。

表 5 - 16 管理层持股与企业价值（稳定性检验）

	TQ			
SR_5	0. 9466 ***			
SR_6		1. 2878 ***		
SR_7			3. 2020 ***	
SR_8				0. 3535
State	− 0. 1575 **	− 0. 1878 **	− 0. 1646 **	− 0. 2743 ***
Size	− 0. 0002 ***	− 0. 0001 ***	− 0. 0001 ***	− 0. 0002 ***
Fage	− 0. 0001 ***	− 0. 0001 ***	− 0. 0001 ***	− 0. 0001 ***
Lev	− 1. 1017 ***	− 1. 0979 ***	− 1. 1012 ***	− 1. 0999 ***
HHI	0. 1214	0. 1400	0. 1511	0. 2277
SGR	0. 0777 ***	0. 0780 ***	0. 07815 ***	0. 0792 ***
Dual	0. 0235	0. 0303	0. 10425 *	0. 1686 ***
截距	2. 0184 ***	2. 0371 ***	2. 0116 ***	2. 0850 ***

续表

	TQ			
Qt_dum	控制	控制	控制	控制
Ind_dum	控制	控制	控制	控制
Euc	控制	控制	控制	控制
ADJ $-$ R^2	0.4720	0.4615	0.4667	0.4228
F	35.76	34.32	35.02	29.48
N	2608	2608	2608	2608

注：***、**、*分别表示在1%、5%和10%的水平下显著。

5.6.3 风险承担中介效应稳健性检验

为检验风险承担的中介效应是否稳定，将企业管理层持股变量替换为高管持股占营业收入比值（SR5）；董事长持股占营业收入比重（SR6）；董事持股占营业收入比重（SR7）；监事持股占营业收入比重（SR8），并将变量进行中心化处理，基于模型（3）至模型（5）进行回归，具体结果见表5－17、表5－18、表5－19。

表5－17　中介效应检验——管理层持股对企业价值回归（稳定性检验）

	TQ			
变量	（1）	（2）	（3）	（4）
SR_5	0.2112 ***			
SR_6		0.1853 ***		
SR_7			0.1989 ***	
SR_8				0.0027
State	$-$0.1595 **	$-$0.1903 **	$-$0.1668 **	$-$0.2779 ***
Size	$-$0.1744 ***	$-$0.1817 ***	$-$0.1749 ***	$-$0.1991 ***
Fage	$-$0.0703 ***	$-$0.0782 ***	$-$0.0532 ***	$-$0.0718 ***
Lev	$-$0.1984 ***	$-$0.1978 ***	$-$0.1983 ***	$-$0.1981 ***
HHI	0.0143	0.0165	0.0178	0.0269
SGR	0.0412 ***	0.0413 ***	0.0414 ***	0.0419 ***

续表

变量		TQ		
	（1）	（2）	（3）	（4）
Dual	0.0238	0.0307	0.1056*	0.1708*
截距	−0.6490***	−0.6602***	−0.6254***	−0.6434***
Qt_dum	控制	控制	控制	控制
Ind_dum	控制	控制	控制	控制
Euc	控制	控制	控制	控制
ADJ−R^2	0.4720	0.4615	0.4667	0.4228
F	35.76	34.32	35.02	29.48
N	2606	2606	2606	2606

注：***、**、*分别表示在1%、5%和10%的水平下显著。

表 5 – 18　　　中介效应检验——企管理层持股对风险承担回归（稳定性检验）

变量		RiskT		
	（1）	（2）	（3）	（4）
SR_5	0.0372***			
SR_6		0.0343***		
SR_7			0.0287***	
SR_8				−0.0051
State	−1.0387***	−1.0433***	−1.0435***	−1.0623***
Size	0.0078	0.0067	0.0070	0.0032
Fage	−0.0050	−0.0064	−0.0025	−0.0049
Lev	−0.0511***	−0.0509***	−0.0510***	−0.0509***
HHI	−0.0174	−0.01715	−0.0165	−0.0149
SGR	0.0119	0.0119	0.0120	0.0121
Dual	0.1728***	0.1727***	0.1892***	0.1998***
截距	0.8029***	0.8008***	0.8065***	0.8042***
Qt_dum	控制	控制	控制	控制
Ind_dum	控制	控制	控制	控制
Euc	控制	控制	控制	控制

		RiskT		
变量	（1）	（2）	（3）	（4）
$ADJ-R^2$	0.4444	0.4441	0.4433	0.4417
F	32.13	32.08	31.99	31.78
N	2606	2606	2606	2606

注：***、**、*分别表示在1%、5%和10%的水平下显著。

表5-19　　　　　中介效应检验——企管理层持股＼风险承担对
企业价值和企业绩效（稳定性检验）

		TQ		
变量	（1）	（2）	（3）	（4）
SR_5	0.2051***			
SR_6		0.1795***		
SR_7			0.1940***	
SR_8				0.0037
RiskT	0.1635***	0.1685***	0.1709***	0.1915***
State	0.0101	-0.0146	0.0114	-0.0745
Size	-0.1757***	-0.1829***	-0.1761***	-0.1997***
Fage	-0.0695***	-0.0770***	-0.05273**	-0.0708***
Lev	-0.1900***	-0.1891***	-0.1896***	-0.1883***
HHI	0.0172	0.0195	0.0207	0.0298
SGR	0.0392***	0.0393***	0.0393***	0.0396**
Dual	-0.0043	0.0016	0.0733	0.1326**
截距	-0.7804**	-0.7952***	-0.7634***	-0.7976***
Qt_dum	控制	控制	控制	控制
Ind_dum	控制	控制	控制	控制
Euc	控制	控制	控制	控制
$ADJ-R^2$	0.4798	0.4698	0.4753	0.4336
F	36.34	34.94	35.70	30.33
N	2606	2606	2606	2606

注：***、**、*分别表示在1%、5%和10%的水平下显著。

在表 5 - 17 中高管持股占营业收入比值（SR5）、董事长持股占营业收入比重（SR6）、董事持股占营业收入比重（SR7）作为管理层持股替代变量均对企业价值产生显著影响，显著水平为 1%，表明管理层持股有利于企业价值提升；在表 5 - 18 中高管持股占营业收入比值（SR5）、董事长持股占营业收入比重（SR6）、董事持股占营业收入比重（SR7）作为管理层持股替代变量与企业风险承担水平在 1% 水平下正相关，管理层持股激励能够有效激励企业风险承担水平的提升；在表 5 - 19 中高管持股占营业收入比值（SR5）、董事长持股占营业收入比重（SR6）、董事持股占营业收入比重（SR7）作为管理层持股替代变量与企业价值在 1% 水平下正相关，同时风险承担水平与企业价值在 1% 水平下显著正相关。基于中介效应检验程序判断（温忠麟等，2005），风险承担是管理层激励（高管持股占营业收入比值（SR5）、董事长持股占营业收入比重（SR6）、董事持股占营业收入比重（SR7））与企业价值的中介变量。为进一步检验结果稳定性，进行 Sobel 检验，5% 水平下 Z 临界值为 0.97（温忠麟等，2004），结果（见表 5 - 20）同样表明风险承担是管理层激励与企业价值的中介变量。

表 5 - 20　　　　　　　　　Sobel 检验表（稳定性检验）

变量	SR_5	SR_6	SR_7	变量	SR_5	SR_6	SR_7
a	0.0372	0.0343	0.0287	Sa	0.010	0.010	0.0103
b	0.1635	0.1685	0.1709	Sb	0.026	0.026	0.0262
a^2	0.001	0.001	0.001	Sa^2	0.001	0.001	0.001
b^2	0.026	0.028	0.029	Sb^2	0.001	0.001	0.001
Sab	0.002	0.002	0.002				
Z	3.117	2.966	2.560				

5.7　本章小结

现代制企业中两权分离现象较为普遍，管理层是企业所有者意志的执行者，但企业的管理层受到经济人的约束，在实现企业所有者的意图中，并非总是以企业所有者利益为中心。因此，管理层需要激励。而国有企业的管理层不仅具备一般企业管理层的属性——经济人属性，同时因其身份的制约受到政治约束，因此国有企业的管理层激励效果有别于民营企业。现有的激励方式中，管理层持股激励和薪酬激励较为普遍。本章研究突破以往管理层激励研究的路径，发现管理层持股激励和货币薪酬均能够显著影响企业的风险承担水平。风险承担水平与企业价值、企业绩效正相关。风险承担是管理层持股激励与企业价值的中介变量，是货币薪酬与企业绩效的中介变量。另外，研究发现虽然货币薪酬和管理层持股均能改善风险承担水平，但是管理层激励对风险承担激励的效果受到企业产权性质影响而不同，相比较而言，货币薪酬激励和管理层持股激励对民营企业风险承担影响程度远大于国有企业风险承担影响程度。

研究结论对企业管理层激励具有一定的参考价值。管理层激励并非直接影响企业绩效或者企业价值，本章研究表明管理层激励能够影响企业风险承担，进而影响企业的绩效和企业价值。虽然货币薪酬激励和管理层持股激励均能影响企业风险承担水平，但是二者存在一定的差异，货币薪酬激励效果偏重于短期效果，管理层持股偏重于长期效果，风险承担是货币薪酬激励与企业绩效的中介变量，是管理层持股与企业价值的中介变量。因此，在实践过程中，针对不同的目的激励方式选择应有所差异。虽然货币薪酬激励和管理层持股激励与国有企业风险承担正相关，但是国有企业管理层受到政治属性约束，管理层激励对风险承担的影响程度远小于民营企业风险承担水平，即国有企业管理层政治激励可能对企业风险承担存在影响。本章限于时间、篇幅以及目前关于政治激励衡量标准、政治激励强度大小缺乏，关于政治激励以及政治职位晋升是否以及如何影响企业风险承担的问题，以及这种影响对企业效率产生什么样作用，需要在未来研究加以完善。

第6章

结论、局限性与未来研究方向

6.1 主要研究结论

本书以企业风险承担水平为研究切入点，围绕国有企业治理与企业绩效展开系统研究。第3章、第4章以及第5章分别论述企业产权性质与风险承担及企业绩效关系，市场竞争与风险承担以及企业绩效关系，股权结构与风险承担以及企业绩效关系，管理层激励与风险承担以及企业价值和企业绩效关系。其中第3章讨论产权性质与风险承担及与企业绩效之间关系，市场竞争与风险承担以及企业绩效关系，从风险承担的视角回答企业产权观点和市场竞争观，第4章是第3章研究的深化，股权结构是股份公司总股本中不同产权性质的股份所占比例及相互关系，具体包含两个方面内容，其一是股权的产权属性，是质的体现；其二是股权数量构成，体现为股权集中与股权制衡。股权结构是公司内部治理机制的基础，股权结构的产权性质及其数量构成影响控制权的行为方式进而影响到企业的治理效果。第3章对股权结构质的方面进行阐释，回答了产权性质、企业风险承担与企业绩效的关系，第4章从股权结构数量构成角度回答风险承担、股权结构与企业绩效的关系。企业管理层是企业所有者决策意图的具体实施者，但现代企业所有权与控制权分离使得管理层与所有者利益产生分歧，国有企业这一问题更为严重，因此管理层需要激励减少利益分歧带来的不利影响，本书第5章是建立在第3章和第4章基础上，继续讨论风险承担对企业绩效和企业价值的影响，详细探讨和论述货币薪酬和管理层持股对风险承担以及企业价值和企业绩效的影响。本书得到以下具体结论。

6.1.1　风险承担与企业收益

企业绩效和企业价值是企业收益的表现形式，企业绩效是基于历史会计数据而核算，主要有 ROA 和 ROE，企业价值是企业未来收益的折现，基于企业未来现金流，主要衡量指标为 Tobin Q。虽然高风险高收益已普遍被接受，具体到企业治理的实践中，高风险高收益还需要收益的承担主体具备较高的风险承担水平。本书通过实证研究发现企业绩效与企业风险承担水平正相关，较高企业绩效水平需要获取绩效的主体具备较高的风险承担水平；在市场经济中企业价值越高客观要求企业具备较高的风险承担水平，因此，风险承担是企业治理过程中不可忽略的重要因素，特别是在国有企业改革过程中，提高国有企业的绩效和企业价值同时需要更多关注国有企业的抗风险能力，改善其风险承担水平，提高国有企业的抗风险能力。风险承担与企业绩效和企业价值正相关是本书研究逻辑合理性的基础。

6.1.2　产权性质、风险承担与企业绩效

国有企业与民营企业效率之争一直是学术界的焦点，国有企业和民营企业围绕着产权性质展开激烈讨论，本书从风险承担的视角回答产权性质与企业绩效关系，研究发现产权性质显著影响企业风险承担水平。风险承担是产权性质与企业绩效的中介变量。国有企业风险承担水平低于民营企业风险承担水平，国有企业绩效水平显著低于民营企业绩效水平，风险承担因素是影响国有企业与民营企业的绩效差异的重要因素。

6.1.3　市场竞争、风险承担与企业绩效

本书研究发现市场竞争越激烈企业风险承担水平越高，激烈的市场竞争能够激发企业的市场竞争力，提高企业的绩效水平。企业风险承担水平是市场竞争力与企业的绩效的中介变量。实证结果同时表明国有企业市场竞争力低于民营企业市场竞争力，因此改善提高国有企业市场竞争力能够有效提高国有企业风险承担水平，进而缩小国有企业与民营企业绩效的差异。

6.1.4 股权结构、风险承担与企业绩效

本书实证检验股权结构与风险承担关系，风险承担与企业绩效以及股权结构与企业绩效的关系发现：（1）股权集中度与风险承担存在"U"型关系，股权集中度较低时，企业风险承担水平较低，不利于提升企业的绩效，当股权集中度高于临界值时，企业风险承担水平提高，能改善企业绩效。（2）股权制衡与企业风险承担正相关，企业股权制衡度越高企业风险承担水平越高，有利于提升企业的绩效。（3）风险承担与企业绩效正相关，风险承担水平越高，企业的绩效越高，体现高风险高收益，同时国有企业与民营企业在风险承担的水平上存在显著性差异，民营企业的风险承担水平高于国有企业的风险承担水平。（4）股权结构对企业绩效的影响并非直接影响，风险承担是股权结构（股权集中度与股权制衡度）与企业绩效关系的中介变量，影响二者之间的关系。股权集中与股权制衡在同一企业中本身是一对矛盾体，股权越集中，股权制衡越差；股权制衡越高，股权集中越差。因此，可以推理当股权集中度与风险承担的负相关程度超过股权制衡风险承担的正相关程度，股权集中度与企业绩效负相关，反之则是正相关；同样当股权制衡与风险承担的关系远大于股权集中与风险承担的关系，股权制衡则有利于企业绩效的提升，反之则股权制衡不利于企业绩效的提升。本书以风险承担为中介变量从实证角度解释为什么现有文献在研究股权集中与企业绩效，以及股权制衡与企业绩效会存在结论的差异性。（5）民营企业和国有企业在股权结构上存在显著地差异性，民营企业的股权制衡度高于国有企业股权制衡度，民营企业的股权集中度低于国有企业的股权集中度，民营企业和国有企业的风险承担水平的差异性原因之一则是两类性质企业的股权结构不同，而风险承担与企业绩效存在正相关，因此股权结构与企业绩效间关系受到风险承担的影响，本书实证研究也表明2006～2012年的样本中国有企业绩效低于民营企业绩效，风险承担是影响因素之一。

6.1.5 管理层激励、风险承担与企业绩效

管理层激励是改善企业所有者与企业管理者利益分歧的重要工具，本书以货币薪酬激励和管理层持股激励检验其与风险承担水平及企业绩效三者关系，研究发现风险承担是货币薪酬与企业绩效的中介变量，是管理层持股激励与企

业价值的中介变量，管理层激励能够有效地提高企业风险承担水平。另外，本书研究发现无论是货币薪酬激励还是管理层持股激励对风险承担水平的影响程度受到企业的产权性质影响，管理层激励与民营企业风险承担的敏感度远高于管理层激励与国有企业风险承担敏感度。

6.2 政 策 启 示

国有企业绩效受到多方因素的影响，本书从收益的风险角度出发，以风险承担视角研究企业的绩效。基于基础理论主要探讨产权性质、市场竞争、股权结构以及管理层激励与风险承担及其对企业绩效的影响。产权性质是客观因素，体现企业所有者价值观念，股权结构是企业所有者实现其控制企业的手段和工具，管理层是决策的制定者，本书研究具有一定的逻辑性，形成以风险承担为视角的国有企业治理与绩效研究框架。从理论框架到实证检验均表明，在激烈市场竞争的环境中企业抗风险能力或者企业的风险承担水平必须得到关注。特别是国有企业如何通过有效的制度设计，包括产权制度、股权结构以及管理层激励和外部市场竞争环境的完善，改善其风险承担水平有利于提升国有企业绩效。基于本书结论有如下启示：

（1）本书的实证结论表明风险承担与企业绩效和企业价值的高度相关，现有国有企业改革过程决策主体往往更多的关注企业经营结果。关注国有企业绩效提高和国有企业企业价值增加，往往忽视中间变量对企业绩效和企业价值的影响。本书研究结论表明风险承担是影响国有企业绩效的重要因素，未来国有企业改革过程中需要更多地关注企业风险承担水平及其对企业绩效和企业价值的影响。

（2）本书研究表明国有企业和民营企业风险承担水平和企业绩效及企业价值存在显著性差异。国有企业产权性质的公有属性使得产权主体虚置，企业代理链条过长，缺乏明确风险承担主体导致其风险承担水平较低，企业绩效和企业价值较民营企业更低。本书研究结论表明市场竞争越激烈企业风险承担水平越高，越有利于企业绩效提高，市场竞争能够有效改善企业风险承担水平，提高企业抗风险水平。国有企业受到各种政策优惠以及和政府的良好关系，在一定程度上获取更多的政治资源，市场竞争意识和能力较低，风险承担水平较低。因此，国有企业改革过程中应建立健全完善的市场竞争机制和制度使得国有企业受到外部竞争环境的倒逼机制影响，主动提高企业的风险承担，有利于提高国有企业绩效和企业价值。

（3）股权结构是企业所有者实现对企业实质控制的工具和手段。在样本中，国有企业的股权集中度高于民营企业的股权集中度，国有企业的绩效低于民营企业绩效，并不意味提高国有企业的绩效必须提高股权制衡度，采取混合所有制，股权多元化，提高股权制衡度。考虑到国有企业在国民经济的重要性，一些战略行业，关系国家安全的领域，也可以采取股权集中提高风险承担水平。在股权结构与企业风险承担的回归中我们还发现第一股东持股比例与企业风险承担存在非线性关系，当第一股东持股比例低于临界点时股权集中与风险承担呈负相关关系，当持股比例超过临界值后二者呈现正相关关系，因此股权集中也可以提高风险承担水平，提高企业绩效。对于竞争性行业领域可以通过股权结构多元化，混合所有制提高股权制衡度，提高企业绩效和企业价值。

（4）管理层是企业经营管理决策的具体执行者，由于管理层利益与企业所有者利益存在分歧，管理层激励目的是使得其行为决策基于所有者利益。本书研究表明目前管理层薪酬激励和持股激励并非直接影响企业的绩效或者企业价值，管理层激励影响到企业风险承担水平，进而提升企业绩效和企业价值。因此，在企业管理层激励的机制制定过程中要充分考虑到管理层激励对企业风险承担的影响，同时不同的激励方式对企业绩效和企业价值影响不同，货币薪酬更注重短期效果，管理层持股有利于企业长期价值提高。受到政治属性的制约，国有企业货币薪酬激励与管理层持股激励对风险承担影响减弱，因此提高国有企业应弱化政治激励，增加市场行为激励。

（5）创新是企业获取长远发展的关键，特别是国有企业创新问题不仅影响到企业的盈利问题，同时关系到国家的经济安全和战略布局问题。但企业创新投入具有较高的风险性，要求企业具有较高的风险承担水平，在国家实施创新驱动发展战略过程中国有企业无疑扮演重要的角色，国有企业由于受到产权性质的天然制约风险承担水平较低。因此，在国有企业改革过程中通过市场竞争、股权结构以及管理层激励等制度设计，改善国有企业风险承担水平，有利于国有企业科技创新，增强其竞争能力。

6.3　研究局限性

（1）指标选取。风险承担问题研究在国内非金融类企业研究尚属起步阶段。风险承担的指标选择多为企业财务指标的波动，企业财务指标是综合性结果指标。因此，研究结论是整体反映企业风险承担水平，并未对具体某一类风险承担水平进行考量，期望在未来的研究中能够弥补现有研究不足。

（2）变量衡量。国有企业的管理层激励不仅有经济激励，同时考虑到其政治属性，政治激励同样会影响到国有企业的风险承担水平，目前关于政治激励衡量标准、政治激励强度大小缺乏，未来研究需要加以完善。

（3）本书研究限于资料搜集客观条件制约仅利用 Wind 数据库和 CSMAR 数据库之间的相互验证，写作过程中并未采用案例研究，需要在未来研究中具体到某个企业进行实践来进一步检验结论的可靠性。

6.4　未来研究方向

本书对风险承担研究的探讨多为客观影响因素，如产权性质、市场竞争、股权结构，仅管理层激励涉及的客体具有主观性，而风险承担最终会落实到具体的行为人，这涉及神经科学、心理学和行为经济学等多个学科。心理学和神经学科已经证明风险承担的发生有着广泛的诱因，包括内在因素和外在因素。这既有客观因素同时又有主观因素，如价值观判断和环境影响，本书仅研究产权性质、市场竞争、股权结构和管理层激励对风险承担的影响及其对企业绩效的影响，限于实证方法的限制并未考虑到影响因素间交互影响对风险承担的影响。另外风险承担的研究涉及神经学科、心理学以及行为经济学等学科高度融合，限于笔者知识水平限制，未来可能需要跨学科团队展开研究。

参 考 文 献

[1] 白重恩，刘俏，陆洲，宋敏，张俊喜．中国上市公司治理结构的实证研究 [J]．经济研究，2005（2）：81 – 91．

[2] 陈德萍，陈永圣．股权集中度、股权制衡度与公司绩效关系研究——2007 ~ 2009 年中小企业板块的实证检验 [J]．会计研究，2011（1）：38 – 43．

[3] 陈信元，汪辉．股东制衡与公司价值：模型及经验证据 [J]．数量经济技术经济研究，2004，21（11）：102 – 110．

[4] 陈冬华，梁上坤，蒋德权．不同市场化进程下高管激励契约的成本与选择：货币薪酬与在职消费 [J]．会计研究，2010（11）：56 – 64．

[5] 陈震，张鸣．高管层内部的级差报酬研究 [J]．中国会计评论，2006（1）：15 – 28．

[6] 杜莹，刘立国．股权结构与公司治理效率：中国上市公司的实证分析 [J]．管理世界，2002（11）：124 – 133．

[7] 杜兴强，王丽华．高层管理当局薪酬与上市公司业绩的相关性实证研究 [J]．会计研究，2007（1）：58 – 65．

[8] 董艳，李凤．管理层持股、股利政策与代理问题 [J]．经济学（季刊），2011，10（3）：1015 – 1038．

[9] 方竹兰．人力资本所有者拥有企业所有权是一个趋势——兼与张维迎博士商榷 [J]．经济研究，1997（6）：36 – 40．

[10] 顾斌，周立烨．我国上市公司股权激励实施效果的研究 [J]．会计研究，2007（2）：79 – 84 + 92．

[11] 何枫，陈荣．公司治理及其管理层激励与公司效率——关于中国上市公司数个行业的实证研究 [J]．管理科学学报，2008，11（4）：142 – 152．

[12] 黄渝祥，孙艳，邵颖红，王树娟．股权制衡与公司治理研究 [J]．同济大学学报（自然科学版），2003，31（9）：1102 – 1105，1116．

[13] 姜付秀，屈耀辉，陆正飞，李焰．产品市场竞争与资本结构动态调整 [J]．经济研究，2008（4）：99 – 110．

[14] 姜鑫. 论现代企业制度产权关系的和谐性 [D]. 吉林大学, 2005.

[15] 解维敏, 唐清泉. 公司治理与风险承担——来自中国上市公司的经验证据 [J]. 财经问题研究, 2013 (1): 91 - 97.

[16] 季晓南. 产权结构、公司治理与企业绩效的关系研究 [D]. 北京交通大学, 2009.

[17] 廖理, 廖冠民, 沈红波. 经营风险、晋升激励与公司绩效 [J]. 中国工业经济, 2009 (8): 119 - 130.

[18] 连建辉, 孙焕民, 钟惠波. 金融企业集群: 经济性质、效率边界与竞争优势 [J]. 金融研究, 2005 (6): 72 - 82.

[19] 李明辉. 股权结构、公司治理对股权代理成本的影响——基于中国上市公司 2001 ~ 2006 年数据的研究 [J]. 金融研究, 2009 (2): 149 - 168.

[20] 李增泉. 激励机制与企业绩效——一项基于上市公司的实证研究 [J]. 会计研究, 2000 (1): 24 - 30.

[21] 李文贵, 余明桂. 所有权性质、市场化进程与企业风险承担 [J]. 中国工业经济, 2012 (12): 115 - 127.

[22] 李小荣, 张瑞君. 股权激励影响风险承担: 代理成本还是风险规避? [J]. 会计研究, 2014 (1): 57 - 63, 95.

[23] 李新春, 丘海雄. 企业家精神、企业家能力与企业成长——"企业家理论与企业成长国际研讨会"综述 [J]. 经济研究, 2002 (1): 89 - 92.

[24] 李胜楠, 牛建波. 高管权力研究的述评与基本框架构建 [J]. 外国经济与管理, 2014, 36 (7): 3 - 13.

[25] 林毅夫, 李周. 现代企业制度的内涵与国有企业改革方向 [J]. 经济研究, 1997 (3): 3 - 10.

[26] 刘鑫, 薛有志, 严子淳. 公司风险承担决定因素研究——基于两权分离和股权制衡的分析 [J]. 经济与管理研究, 2014 (2): 47 - 55.

[27] 刘芍佳, 孙霈, 刘乃全. 终极产权论、股权结构及公司绩效 [J]. 经济研究, 2003 (4): 51 - 62, 93.

[28] 刘芍佳, 李骥. 超产权论与企业绩效 [J]. 经济研究, 1998 (8): 3 - 12.

[29] 罗伯特·考特, 托马斯·尤伦. 法和经济学 [M]. 上海人民出版社, 2012.

[30] 卢锐, 魏明海, 黎文靖. 管理层权力、在职消费与产权效率——来

自中国上市公司的证据 [J]. 南开管理评论, 2008, 11 (5): 85 - 92 + 112.

[31] 陆维杰. 企业组织中的人力资本和非人力资本——也谈企业所有权的发展趋势问题 [J]. 经济研究, 1998 (5): 73 - 75.

[32] 吕长江, 张艳秋. 企业财务状况对负债代理成本的影响 [J]. 数量经济技术经济研究, 2002 (12): 108 - 112.

[33] 马晓春. 财产所有权与企业所有权比较研究 [D]. 吉林大学, 2009.

[34] 马连福. 股权结构的适度性与公司治理效率 [J]. 南开管理评论, 2000, 3 (4): 19 - 23.

[35] 缪毅, 胡奕明. 产权性质、薪酬差距与晋升激励 [J]. 南开管理评论, 2014, 17 (4): 4 - 12.

[36] 奈特. 风险、不确定性和利润 [M]. 商务印书馆, 2006.

[37] 聂辉华, 杨其静. 产权理论遭遇的挑战及其演变——基于 2000 年以来的最新文献 [J]. 南开经济研究, 2007 (4): 3 - 13.

[38] 秦志华, 徐斌. 大股东行为影响公司价值的理论模型解释 [J]. 管理科学, 2011 (4): 22 - 31.

[39] 秦嵩. 全面企业风险管理与风险容量决策研究 [D]. 天津大学, 2006.

[40] 芮明杰. 管理学: 现代的观点 [M]. 上海人民出版社, 2005.

[41] 宋力, 韩亮亮. 大股东持股比例对代理成本影响的实证分析 [J]. 南开管理评论, 2005 (1): 30 - 34.

[42] 施东晖. 股权结构、公司治理与绩效表现 [J]. 世界经济, 2000 (12): 37 - 44.

[43] 唐清泉, 朱瑞华, 甄丽明. 我国高管人员报酬激励制度的有效性——基于沪深上市公司的实证研究 [J]. 当代经济管理, 2008, 30 (2): 59 - 65.

[44] 佟岩, 陈莎莎. 生命周期视角下的股权制衡与企业价值 [J]. 南开管理评论, 2010 (1): 108 - 115.

[45] 涂国前, 刘峰. 制衡股东性质与制衡效果——来自中国民营化上市公司的经验证据 [J]. 管理世界, 2010 (11): 132 - 142 + 188.

[46] 吴昊旻. 产品市场竞争与异质性风险 [M]. 暨南大学出版社, 2012.

[47] 吴育辉, 吴世农. 高管薪酬: 激励还是自利? ——来自中国上市公

司的证据 [J]. 会计研究, 2010 (11): 40 - 48, 96 - 97.

[48] 温忠麟, 张雷, 侯杰泰, 刘红云. 中介效应检验程序及其应用 [J]. 心理学报, 2004, 36 (5): 614 - 620.

[49] 徐莉萍. 股权集中度和股权制衡及其对公司经营绩效的影响 [J]. 经济研究, 2006 (1): 90 - 100.

[50] 徐莉萍, 辛宇, 陈工孟. 股权集中度和股权制衡及其对公司经营绩效的影响 [J]. 经济研究, 2006 (1): 78 - 89, 96.

[51] 徐晓东, 陈小悦. 第一大股东对公司治理、企业业绩的影响分析 [J]. 经济研究, 2003 (2): 64 - 74 + 93.

[52] 徐向艺, 王俊韡. 股权结构与公司治理绩效实证分析 [J]. 中国工业经济, 2005 (6): 112 - 119.

[53] 徐细雄. 晋升与薪酬的治理效应: 产权性质的影响 [J]. 经济科学, 2012 (2): 102 - 116.

[54] 徐颖. 西方经济学的产权理论 [J]. 中国特色社会主义研究, 2004 (4): 40 - 44.

[55] 颜爱民, 马箭. 股权集中度、股权制衡对企业绩效影响的实证研究 [J]. 系统管理学报, 2013, 22 (3): 385 - 393.

[56] 杨瑞龙, 周业安. 一个关于企业所有权安排的规范性分析框架及其理论含义 [J]. 经济研究, 1997 (1): 12 - 22.

[57] 杨瑞龙. 以混合经济为突破口推进国有企业改革 [J]. 改革, 2014 (5): 19 - 22.

[58] 杨小凯. 企业理论的新发展 [J]. 改革, 1993 (4): 59 - 65.

[59] 杨志远. 我国国有企业风险控制问题研究 [M]. 四川大学出版社, 2012.

[60] 余明桂, 李文贵, 潘红波. 民营化, 产权保护与企业风险承担 [J]. 经济研究, 2013 (9): 112 - 124.

[61] 余明桂, 李文贵, 潘红波. 管理者过度自信与企业风险承担 [J]. 金融研究, 2013 (1): 149 - 163.

[62] 张瑞君, 李小荣, 许年行. 货币薪酬能激励高管承担风险吗 [J]. 经济理论与经济管理, 2013 (8): 84 - 100.

[63] 张五常. 佃农理论 [M]. 商务印书馆, 2000.

[64] 张维迎, 余晖. 西方企业理论的演进与最新发展 [J]. 经济研究,

1994（11）：70－81.

　　［65］张维迎.企业的企业家——契约理论［M］.上海三联书店与上海人民出版社，1995.

　　［66］张维迎.所有制，治理结构及委托—代理关系［J］.经济研究，1996（9）：3－15，53.

　　［67］张维迎.企业理论与中国企业改革［M］.上海人民出版社，2015.

　　［68］张良，王平，毛道维.股权集中度、股权制衡度对企业绩效的影响［J］.统计与决策，2010，307（7）：150－153.

　　［69］张晓燕.异质型人力资本与企业的长期合约——从"非流动性"角度探讨企业长期合约的激励与约束作用［J］.经济体制改革，2004（2）：76－79.

　　［70］张兆国，宋丽梦，张庆.我国上市公司资本结构影响股权代理成本的实证分析［J］.会计研究，2005（8）：44－49，96.

　　［71］张俊瑞，赵进文，张建.高级管理层激励与上市公司经营绩效相关性的实证分析［J］.会计研究，2003（9）：29－34.

　　［72］谌新民，刘善敏.上市公司经营者报酬结构性差异的实证研究［J］.经济研究，2003（8）：55－63，92.

　　［73］赵景文，于增彪.股权制衡与公司经营业绩［J］.会计研究，2005（12）：59－64，96.

　　［74］周学东.我国国有企业产权改革最优路径研究［D］.武汉大学，2013.

　　［75］周仁俊，杨战兵，李勇.管理层薪酬结构的激励效果研究［J］.中国管理科学，2011，19（1）：85－192.

　　［76］周其仁.市场里的企业：一个人力资本与非人力资本的特别合约［J］.经济研究，1996：71－79.

　　［77］周其仁.公有制企业的性质［J］.经济研究，2000（11）：3－12.

　　［78］朱红军，汪辉."股权制衡"可以改善公司治理吗？——宏智科技股份有限公司控制权之争的案例研究［J］.管理世界，2004（10）：114－123，140－156.

　　［79］朱武祥，宋勇.股权结构与企业价值——对家电行业上市公司实证分析［J］.经济研究，2001（12）：66－72，92.

　　［80］Aghion P，Bolton P. An Incomplete Contracts Approach to Financial Contracting [J]. Review of Economic Studies, 1992, 59 (3): 473 – 94.

[81] Acemoglu, D, Zilibotti, F. Was Prometheus Unbound by Chance? Risk Diversification, and Growth [J]. Journal of Political Economy, 1997, 105 (4): 709 – 751.

[82] Acharya, V. V, Amihud, Y, Litov, L. Creditor Rights and Corporate Risk-taking [J]. Journal of Financial Economics, 2011, 102 (1): 150 – 166.

[83] Admati, A. R, Pfleiderer, P, Zechner, J. Large Shareholder Activism, Risk Sharing, and Financial Market Equilibrium [J]. Journal of Political Economy, 1994, 102 (6): 1097 – 1130.

[84] Alchian A A, Demsetz H. Production, Information Costs, and Economic Organization [J]. American Economic Review, 1972, 62 (14): 386 – 8.

[85] Arrow K J. Essays in the Theory of Risk – Bearing [J]. Journal of Finance, 1972, 27 (5).

[86] Armstrong C S, Vashishtha R. Executive Stock Options, Differential Risk – Taking Incentives, And Firm Value [J]. Journal of Financial Economics, 2012, 104 (1): 70 – 88.

[87] Anantharaman D, Yong G L. Managerial Risk Taking Incentives and Corporate Pension Policy [J]. Journal of Financial Economics, 2014, 111 (2): 328 – 351.

[88] Anthony S, Elizabeth S, Travlos N G. Ownership Structure, Deregulation, And Bank Risk Taking [J]. The Journal of Finance, 1990 (45): 643 – 654.

[89] Boyer T W. The Development of Risk – Taking: A Multi – Perspective Review [J]. Deve-lopmental Review, 2006, 26 (3): 291 – 345.

[90] Bargeron, L. L, Lehn, K. M, Zutter, C. J. Sarbanes – Oxley and Corporate Risk-taking [J]. Journal of Accounting and Economics. 2010, 49 (1): 34 – 52.

[91] Boycko, M, Shleifer, A, Vishny, R. W. A Theory of Privatisation [J]. The Economic Journal, 1996, 106 (435): 309 – 319.

[92] Bauguess S W, Slovin M B, Sushka M E. Large Shareholder Diversification, Corporate Risk Taking, and the Benefits of Changing to Differential Voting Rights [J]. Journal of Banking&Finance, 2012, 36 (4): 1244 – 1253.

[93] Brockhaus R H. Risk Taking Propensity of Entrepreneurs [J]. Academy

of Management Journal, 1980, 23 (3): 509 – 520.

[94] Beatty R P, Zajac E J. Top Management Incentives, Monitoring, and Risk – Bearing: A Study of Executive Compensation, Ownership, and Board Structure in Initial Public Offerings [J]. Administrative Science Quarterly, 1994, 39 (2): 313 – 335.

[95] Bromiley P, Curley S P. Individual Differences in Risk Taking [C]. In J. F. Yates (Ed.), Risk-taking. 1992: 482 – 497.

[96] Boubakri N, Cosset J C, Saffar W. The Role of State and Foreign Owners In Corporate Risk – Taking: Evidence From Privatization [J]. Journal of Financial Economics, 2013, 108 (3): 641 – 658.

[97] Boardman A E, Vining A R. Ownership and Performance in Competitive Environ-ment: A Comparison of the Performance of Private, Mixed, and State – Owned Enterprises [J]. Journal of Law & Economics, 1989, 32 (1): 1 – 33.

[98] Boyd B K, Salamin A. Strategic Reward Systems: A Contingency Model of Pay System Design [J]. Strategic Management Journal, 2001, 22 (8): 777 – 792.

[99] Caves D W, Christensen L R. The Relative Efficiency of Public and Private Firms in a Competitive Environment: The Case of Canadian Railroads [J]. Journal of Political Economy, 1980, 88 (5): 958 – 76.

[100] Coase R H. The Nature of the Firm [J]. Economica, 1937, 16 (4): 386 – 405.

[101] Coles, J. L, Daniel, N. D. , Naveen, L. Managerial Incentives and Risk-taking [J]. Journal of Financial Economics. 2006, 79 (2): 431 – 468.

[102] Cohen, D. A. , Dey, A. Corporate Governance Reform and Executive Incentives: Implications for Investments and Risk Taking [J]. Contemporary Accounting Research. 2013, 30 (4): 1296: 1332.

[103] Chen, C. R. , Steiner, T. L, Whyte, A. M. DoesStock Option – Based Executive Compensation Induce Risk – Taking? An Analysis Of The Banking Industry [J]. Journal of Banking & Finance. 2006, 30 (3): 915 – 945.

[104] Charness G, Gneezy U. Strong Evidence for Gender Differences in Risk Taking [J]. Journal of Economic Behavior & Organization, 2012, 83 (1): 50 – 58.

［105］ Charness G，Jackson M O. The Role of Responsibility In Strategic Risk – Taking ［J］. Journal of Economic Behavior & Organization，2009，69（3）：241 – 247.

［106］ Demsetz，H，Villalonga，B. . Ownership Structure and Corporate Performance ［J］. Journal of Corporate Finance. 2001，7（3）：209 – 233.

［107］ Dwyer，P. D. ，Gilkeson，J. H. ，List，J. A. Gender Differences in Revealed Risk Taking：Evidence from Mutual Fund Investors ［J］. Economics Letters. 2002，76（2）：151 – 158.

［108］ De Long，J. B. ，Summers，L. H. . Equipment Investment and Economic Growth ［J］. The Quarterly Journal of Economics，1991，106（2）：445 – 502.

［109］ Demsetz H. Toward a Theory of Propery Rights ［J］. American Economic Review，1967，57（3）：347 – 359.

［110］ Demsetz H. Industry Structure，Market Rivalry，and Public Policy ［J］. Journal of Law & Economics，1973，16（1）：1 – 9.

［111］ Demsetz，H，Lehn，K. The Structure of Corporate Ownership：Causes and Consequence ［J］. The Journal of Political Economy，1985，93（6）：1155 – 1177.

［112］ Demsetz，H. The Structure of Ownership and the Theory of the Firm ［J］. Journal of Law and Economics. 1983，26（2）：375 – 390.

［113］ Demsetz H，Villalonga B. Ownership Structure and Corporate Performance ［J］. Journal of Corporate Finance，2001，7（3）：209 – 233.

［114］ Dewenter K L，Malatesta P H. State – Owned and Privately Owned Firms：An Empirical Analysis of Profitability，Leverage，and Labor Intensity ［J］. American Economic Review，2001，91（1）：320 – 334.

［115］ Djankov S，Murrell P. Enterprise Restructuring in Transition：A Quantitative Survey ［J］. Journal of economic literature，2002，40（3）：739 – 792.

［116］ Eisenhardt. K. M. Agency Theory：An Assessment and Review ［J］. Academy of Manage ment Review，1989，14（14）：57 – 74.

［117］ E. Han Kim，Yao Lu. CEO Ownership，External Governance，and Risk – Taking ［J］. Journal of Financial Economics，2011，102（2）：272 – 292.

［118］ Ellingsen T，Johannesson M. Pride and Prejudice：The Human Side of Incentive Theory ［J］. American Economic Review，2008，98（3）：990 – 1008.

［119］ Fama. Agency Problems And The Theory of the Firm ［J］. Journal of Political Economy, 1980, 88 (2): 288 – 307.

［120］ Fama, E. F., Jensen, M. C., Agency Problems and Residual Claims ［J］. Journal of law and Economics. 1983, 26 (2): 327 – 349.

［121］ Fama, E. F., Jensen, M. C. Separation of Ownership and Control ［J］. Journal of law and Economics, 1983, 26 (2): 301 – 325.

［122］ Faccio, M, Marchica, M – T, Mura, R. Large Shareholder Diversification and Corporate Risk-taking ［J］. Review of Financial Studies. 2011, 24 (11): 3601 – 3641.

［123］ Fogel, K, Morck, R., Yeung, B.. Big Business Stability And Economic Growth: Is What's Good For General Motors Good For America? ［J］. Journal of Financial Economics, 2008, 89 (1): 83 – 108.

［124］ Fiegenbaum A, Thomas H. Attitudes toward Risk and the Risk – Return Paradox: Prospect Theory Explanations ［J］. Academy of Management Journal, 1988, 31 (1): 85 – 106.

［125］ Fisher I N, Hall G R. Risk and Corporate Rates of Return ［J］. Quarterly Journal of Economics, 1969, 83 (1): 79 – 92.

［126］ Gomes, A. Novaes, W. Sharing of Control versus Monitoring as Corporate Governance Mechanisms ［D］. Unpublished Working Paper, 2006.

［127］ Giroud, X., Mueller, H. M. Does Corporate Governance Matter in Competitive Industries ［J］. Journal of Financial Economics, 2010, 95 (3): 312 – 331.

［128］ Grossman S J, Hart O D. The Costs and Benefits of Ownership: A Theory of Vertical and Lateral Integration. ［J］. Journal of Political Economy, 1986, 94 (4): 691 – 719.

［129］ Guay W R. The Sensitivity Of CEO Wealth To Equity Risk: An Analysis Of The Magnitude And Determinants ［J］. Journal of Financial Economics, 1999, 53 (1): 43 – 71.

［130］ Hart O, Moore J. Property Rights and the Nature of the Firm ［J］. Journal of Political Economy, 1990, 98 (98): 1119 – 1158.

［131］ Hart S L. A Natural Resource – Based View of the Firm ［J］. Academy of Management Review, 1995, 20 (20): 986 – 1014.

［132］ Huybrechts, J., Voordeckers, W., Lybaert, N.. Entrepreneurial Risk

Taking of Private Family Firms The Influence of a Nonfamily CEO and the Moderating Effect of CEO Tenure [J]. Family Business Review, 2012, 26 (2): 161 – 179.

[133] Hayes R M, Lemmon M, Qiu M. Stock Options and Managerial Incentives for Risk – Taking: Evidence from FAS 123R [J]. Journal of Financial Economics, 2012, 105 (1): 174 – 190.

[134] Huang Y S, Wang C J. Corporate Governance And Risk – Taking of Chinese Firms: The Role of Board Size [J]. International Review of Economics & Finance, 2014, 37: 96 – 113.

[135] Hou K, Robinson D T. Industry Concentration and Average Stock Returns [J]. Journal of Finance, 2004, 61 (4): 1927 – 1956.

[136] Holmström B. Managerial Incentive Problems: A Dynamic Perspective [J]. Review of Economic Studies, 1999, 66 (1): 169 – 82.

[137] Irvine, P. J, Pontiff, J.. Idiosyncratic Return Volatility, Cash Flows, and Product Market Competition [J]. Review of Financial Studies. 2009, 22 (3): 1149 – 1177.

[138] John, K. , Litov, L, Yeung, B. Corporate Governance and Risk – Taking [J]. The Journal of Finance, 2008, 63 (4): 1679 – 1728.

[139] Jan H, Kent S. CEO Pay Incentives and Risk – Taking: Evidence from Bank Acquisitions [J]. Journal of Corporate Finance, 2011, 17 (4): 1078 – 1095.

[140] Jansen E, Glinow M A V. Ethical Ambivalence and Organizational Reward Systems [J]. Academy of Management Review, 1985, 10 (4): 814 – 822.

[141] Jensen M C, Meckling W H. Theory of the Firm: Managerial Behavior, Agency Costs, and Ownership Structure [J]. Journal of financial economics, 1976, 3 (4): 305 – 360.

[142] Kahneman D, Tversky A. Prospect theory: An analysis of decision under risk. [J]. Econometrica, 1979, 47 (2): 140 – 170.

[143] Kempf, A. , Ruenzi, S. , Thiele, T.. Employment risk, Compensation Incentives, and Managerial Risk Taking: Evidence From the Mutual Fund Industry [J]. Journal of Financial Economics. 2009, 92 (1): 92 – 108.

[144] Klein B, Alchian A A. Vertical Integration, Appropriable Rents, and the Competitive Contracting Process [J]. Journal of Law & Economics, 1978, 21

(2)：297 – 326.

［145］Kini, O, Williams, R. Tournament Incentives, Firm Risk, and Corporate Policies ［J］. Journal of Financial Economics. 2012, 103：350 – 376.

［146］King, T. – H. D, Wen, M. – M. Shareholder Governance, Bondholder Governance, and Managerial Risk-taking ［J］. Journal of Banking & Finance, 2011, 35（3）：512 – 531.

［147］Kouwenberg R, Ziemba W T. Incentives And Risk Taking In Hedge Funds ［J］. Journal of Banking & Finance, 2007, 31（11）：3291 – 3310.

［148］Kreps D M, Wilson R. Reputation and Imperfect Information ［J］. Journal of Economic Theory, 1982, 27（2）：253 – 279.

［149］Li, Jiatao, Tang, Yi. CEO Hubris and Firm Risk Taking in China：The Moderating Role of Managerial Discretion ［J］. Academy of Management Journal. 2010, 53（1）：45 – 68.

［150］Low, A. Managerial Risk-taking Behavior and Equity-based Compensation ［J］. Journal of Financial Economics, 2009, 92（3）：470 – 490.

［151］La Porta, R., Lopez – De – Silanes, F., Shleifer, A.. Corporate Ownership around the World ［J］. The Journal of Finance, 1999, 54（2）：471 – 517.

［152］Lazear, Rosen. Rank – Order Tournaments as Optimum Labor Contracts ［J］. Journal of Political Economy, 1981, 89（5）：841 – 864.

［153］Lin, J. Y., Cai, F., Li, Z.. Competition, Policy Burdens, and State-owned Enterprise Reform ［J］. The American Economic Review, 1998, 88（2）：422 – 427.

［154］Maury, B, Pajuste, A. Multiple Large Shareholders and Firm Value ［J］. Journal of Banking& Finance, 2005, 29（7）：1813 – 1834.

［155］Megginson, W. L, J. M. Netter.. From State to Market：A Survey of Empirical Studies on Privatization ［J］. Journal of Economic Literature. 2001, 39（2）：321 – 389.

［156］Miller D, Friesen P H. Archetypes Of Strategy Formulation ［J］. Management Science, 1978, 24（9）：921 – 933.

［157］Miller K D. Economic Exposure and Integrated Risk Management ［J］. Strategic Management Journal, 1998, 19（5）：497 – 514.

［158］ Miller, K. D, Leiblein, M. J. Corporate Risk – Return Relations: Returns Variability Versus Downside Risk ［J］. Academy of Management Journal, 1996, 39 (1): 91 – 122.

［159］ Milgrom P R, RobertsJ, Milgrom P R. Economics, Organization, and Management ［J］. Journal of Finance, 2000, 48 (1).

［160］ March J G, Shapira Z. Managerial Perspectives On Risk And Risk Taking ［J］. Management Science, 1987, 33 (11): 1404 – 1418.

［161］ Mishra, D. R. Multiple Large Shareholders and Corporate Risk Taking: Evidence from East Asia ［J］. Corporate Governance: An International Review. 2011, 19 (6): 507 – 528.

［162］ Murphy K J. Executive Compensation. Handbook of Labor Economics ［J］. 1999 (3): 2485 – 2563.

［163］ Michael C. Jensen, Kevin J. Murphy. Performance Pay and Top Management Incentives ［J］. Journal of political economy, 1990, 98 (2): 225 – 264.

［164］ Osborn R N, Jackson D H. Leaders, Riverboat Gamblers, Or Purposeful Unintended Consequences In The Management of Complex, Dangerous Technologies ［J］. Academy of Management Journal, 1988, 31 (4): 924 – 947.

［165］ Pagano B M, Röell A. The Choice of Stock Ownership Structure ［J］. Quarterly journal of economics, 1998, 113 (1): 187 – 225.

［166］ Parrino R, Poteshman A M, Weisbach M S. Measuring Investment Distortions when Risk – Averse Managers Decide Whether to Undertake Risky Projects ［J］. Financial Management, 2004, 34 (1): 21 – 60.

［167］ Pablo, A. L., Sitkin, S. B., Jemison, D. B.. Acquisition Decisionmaking Processes: The Central Role of Risk ［J］. Journal of Management, 1996, 22 (5): 723 – 746.

［168］ Paligorova T. Corporate Risk – Taking and Ownership Structure ［J］. SSRN Electronic Journal, 2009.

［169］ Palmer T B, Wiseman R M. Decoupling Risk Taking From Income Stream Uncertainty: A Holistic Model Of Risk ［J］. Strategic Management Journal, 1999, 20 (11): 1037 – 1062.

［170］ Rajagopalan N, Finkelstein S. Effects of Strategic Orientation and Environmental Change on Senior Management Reward Systems ［J］. Strategic Management

Journal, 2007, 13 (S1): 127 – 141.

［171］ Robert E, Hoskisson. , Michael A. Hitt. , Charles W. L. Hill. . Managerial Incentives and Investment in R&D in Large Multiproduct Firms ［J］. Organization Science, 1993, 4 (2): 325 – 341.

［172］ Rajan R G, Zingales L. The Great Reversals: The Politics Of Financial Development In The Twentieth Century ［J］. Journal of Financial Economics, 2003, 69 (1): 5 – 50.

［173］ Ross S A. The Economic Theory of Agency: The Principal Problem ［J］. American Economic Review, 1973, 63 (2): 134 – 39.

［174］ Staw, Barry M. Sandelands, Lance E. Dutton, Jane E. Threat – Rigidity Effects in Organiz-ational Behavior: A Multilevel Analysis. ［J］. Administrative Science Quarterly, 1981, 26 (4): 501 – 524.

［175］ Staw B M, Ross J. Behavior In Escalation Situations: Antecedents, Prototypes and Solutions ［J］. Research in Organizational Behavior, 1987, 9 (4): 39 – 78.

［176］ Sias R W, Bennett J A. Why Has Firm – Specific Risk Increased Over Time? ［J］. Ssrn Electronic Journal, 2005.

［177］ Stulz, R. . Managerial Control of Voting Rights: Financing Policies and the Market for Corporate Control ［J］. Journal of Financial Economics. 1988 (20): 25 – 54.

［178］ Shleifer, A. , Vishny, R. W. . Politicians and Firms ［J］. Quarterly Journal of Economics. 1994, 109 (4): 995 – 1025.

［179］ Shleifer, A, Vishny, R. W. Large Shareholders and Corporate Control ［J］. Journal of Political Economy, 1986, 94 (3): 460 – 488.

［180］ Singh B J T. Performance, Slack, And Risk – Taking In Organization Decision Making ［J］. Academy of Management Journal. 1986, 29 (3): 562 – 585.

［181］ Sitkin S B, Pablo A L. Reconceptualizing The Determinants of Risk Behavior ［J］. Academy of Management Review, 1992, 17 (1): 9 – 38.

［182］ Slovic P. Assessment Of Risk Taking Behavior ［J］. Psychological Bulletin, 1964, 61 (3): 220 – 33.

［183］ Shapira Z. Risk Taking: A Managerial Perspective ［M］. Russell Sage

Foundation, 1995.

[184] Thaler R H, Johnson E J. Gambling with the House Money and Trying to Break Even: The Effects of Prior Outcomes on Risky Choice [J]. Management Science, 1990, 36 (6): 643 – 660.

[185] Vereshchagina G, Hopenhayn H A Risk Taking by Entrepreneurs [J]. American Economic Review, 2009, 99 (5): 1808 – 30.

[186] Wintoki, M. B., Linck, J. S., Netter, J. M.. Endogeneity and The Dynamics of Internal Corporate Governance [J]. Journal of Financial Economics, 2012, 105 (5): 581 – 606.

[187] Wooldridge, J. M. Econometric Analysis of Cross Section and Panel Data [M]. Cambridge: The MIT Press, 2002.

[188] Wiseman R M, Bromiley P. Toward a Model of Risk in Declining Organizations: An Empirical Examination of Risk, Performance and Decline [J]. Organization Science, 1996, 7 (5): 524 – 543.

[189] Williamson O E. The Organization of Work A Comparative Institutional Assessment [J]. Journal of Economic Behavior & Organization, 1980, 1 (80): 5 – 38.

[190] Williamson, O. E.. Transaction – Cost Economics: The Governance of Contractual Relations [J]. Journal of Law & Economics, 1979, 22 (2): 233 – 261.

[191] Yarrow G. Privatization in theory and practice [J]. Economic Policy, 1986, 1 (2): 323 – 364.

[192] Zahra S A. Entrepreneurial Risk Taking in Family Firms [J]. Family Business Review, 2005, 18 (1): 23 – 40.